U0141931

王國良著

文史哲學集成

冥祥記研究

文史哲出版社印行

國家圖書館出版品預行編目資料

冥祥記研究 / 王國良著. -- 初版. -- 臺北市：
文史哲, 民 88
面 ； 公分. -- (文史哲學集成 ; 407)
參考書目 ; 面
ISBN 957-549-241-2 (平裝)

1.冥詳記 - 研究與考訂 2.中國小說 - 魏晉
南北朝 (220-588) - 研究與考訂

857.13 88013958

文史哲學集成 ⑰

冥祥記研究

著　者：王　國　良
出版者：文　史　哲　出　版　社
登記證字號：行政院新聞局版臺業字五三三七號
發行人：彭　正　雄
發行所：文　史　哲　出　版　社
印刷者：文　史　哲　出　版　社
臺北市羅斯福路一段七十二巷四號
郵政劃撥帳號：一六一八〇一七五
電話 886-2-23511028・傳眞 886-2-23965656

實價新臺幣三八〇元

中華民國八十八年十二月初版

版權所有・翻印必究
ISBN 957-549-241-2

冥祥記研究　目次

上編　綜合探討

下編　輯佚校釋

上編　綜合探討

壹、引　言

東漢之際，印度佛教開始傳入中國。魏、晉以下，佛經的翻稍多；對其教義的闡發，也大有人在。因此，逐漸擺脫以往佛、道不分的糾葛，獨立門戶，勢力日增。六朝時期，佛教獲得迅速而廣泛地流傳，除了當時政局動盪不安，社會黑暗，人民生活疾苦之外，統治者的大力提倡，域外高僧陸續來華駐錫及佛教徒的重視宣傳等，相信也不無關係。

由目前所能掌握的文獻資料來看，佛教徒有意地將各種宗教性的遺聞軼事，或者個人信仰的親身經歷及體驗，訴諸文字，編集成宗教應驗錄，單單在六朝時期就出現有：晉朱君台《徵應傳》？卷、晉謝敷《觀世音應驗》一卷、宋王延秀《感應傳》八卷、宋傅亮《觀世音應驗記》一卷、宋劉義慶《宣驗記》十三卷、宋張演《續觀世音應驗記》一卷、齊王琰《冥祥記》十卷、齊陸杲《繫觀世音應驗記》一卷、梁王曼穎《補續冥祥記》一卷、北周釋無名《驗善知識傳》一卷、隋侯白《旌異記》十五卷、隋釋靜辯《感應傳》十卷、不明朝代劉泳《因果記》十五卷，總共十三種。這些書，有的幸運全帙流傳後世，有的隻言片語不存，有的則是遺文散見舊籍，復經近世學者勤加輯錄，尚可窺見原書大略。①

王琰《冥祥記》一書，留存遺文不在少數，近代魯迅曾用心採集，編入《古小說鉤沈》②，確係一部具有代表性又值得深入研究的佛教應驗小說。因此，本文打算從撰者生平與寫作動機、作品流傳、佚文來源與相關材料、形式與風格特色、主題取向、價值及影響等角度，詳細地加以論述探討，庶幾完成對於《冥祥記》比較全面翔實的評估與定位。疏漏之處，在所難免，尚祈方家不吝指正。

貳、撰者生平與寫作動機

《冥祥記》撰者爲王琰，在歷代史志及載籍上，從來沒有異說。③至如清代鮑刻本《太平御覽》卷三五七、卷九四六，引作王玉《冥祥記》；《學海類編》及《叢書集成初編》本《文房四譜》，卷四稱王炎《冥祥記》；日本大正新脩《大藏經》本《三寶感應要略錄》卷上〈漢土最初釋迦像感應〉，注云：「出名王　《冥祥記》等文」云云。「玉」、「炎」、「　」與「琰」字形相近，遂造成傳鈔刊刻上的僞誤，當然不算數。

王琰，正史上無傳，生平資料闕如。僅知其祖籍爲山西太原。王氏一族大約在東晉時南移渡江，定居在建康（故城在今南京市南）。王琰的祖父、父親，名字未詳。根據《冥祥記》序言，王琰稚年住於交趾（故治在今越南東京州）曾從賢法師受五戒；在宋明帝大明五年（西元四六一年）前後，返回京師，年齡大約是七、八歲。因此，我們推斷王琰可能出生於宋孝武帝孝建元年（四五四年）。宋明帝泰始末（約四七〇年），舉家移居烏衣巷，琰暫遊江都。宋順帝昇明末（約四七九年），遊歷三峽，過江陵，南齊高帝建元元年（四七九年）七月，還京師。④又據《萬歲通天進帖》（《寶章集》）⑤，王琰曾仕於齊，永明初（約四八三年），擔任太子舍人，前後有三年。以家貧理由，託請左光祿大夫王僧虔上啓朝廷，希望能調職江夏、郢州所統小郡令守。其結果不得而知。⑥再據《繫觀世音應驗記》，和帝中興元年（五〇一年）前後，王琰官拜義安郡（故治在今湖北省襄陽縣西）太守。⑦迨入梁，曾任吳興令。⑧此後事跡不詳。蓋卒於梁武帝天監中。所著有《宋春秋》二十卷、《冥祥記》十卷。⑨

《冥祥記·序》云：「交趾……賢法師……以觀世音金像一軀，見與供養。……琰奉以還都。……後改治弊廬，……寄京師南澗寺中。……像在寺，已經數月。琰晝寢，夢見立於座隅，意甚異之。時日已暮，即馳迎還。其夕，南澗十餘軀像，悉遇盜亡。其後久之，像於曛暮間放光，顯照三尺許地，金輝秀起，煥然奪目。……是宋大明七年秋也。至泰始末，垂將十載。……宋昇明末，……經過江陵，暫游江都，此僧仍適荆楚；不知像處，……周旋僧以此像權寓多寶寺。琰時見此沙門，廼知像所。其年，琰還京師，即造多寶寺訪焉。寺主愛公，云無此寄像。……其夜，夢人見語云：『像在多寶，愛公忘耳，當爲得之。』見將至寺，此人手自開殿，見像在殿之東衆小像中。……詰旦造寺，具以所夢請愛公。愛公乃爲開殿，果見此像在殿之東，如夢所睹。遂得像還。時建元元年七月十三日也。像今常自供養，庶必永作津梁。循復其事，有感深懷；沿此徵觀，綴成斯記。」

《南史》卷五七〈范雲傳〉：「雲從父兄縝，……仕齊，位尚書殿中郎。永明中，……竟陵王盛招賓客，縝亦預焉。嘗侍子良，子良精信釋教，而縝盛稱無佛。……子良不能屈，然深怪之。退論其理，著〈神滅論〉。……此論出，朝野喧譁。子良集僧難之而不能屈。太原王琰乃著論譏縝曰：『嗚呼范子，曾不知其先祖神靈所在。』欲杜縝後對。縝又對曰：『嗚呼王子，知其祖先神靈所在，而不能殺身以從之。』其險詣皆此類也。」⑩

依據以上兩段資料來看，王琰從小供奉的觀世音金像，屢現神蹟，迭有靈驗，固然促使他撰著《冥祥記》的主要原因；而齊武帝永明七年（四八九年），與范縝辯論神滅、神不滅⑪，爲了證明神不滅之可信而刻意搜羅有利的材料，編成專集，也是可以理解的事。

參、作品流傳概況

齊陸杲《繫觀世應驗記》第四十條〈彭子喬〉末云：「義安太守太原王琰，杲有舊，作《冥祥記》……。」⑫按陸氏自序云：「今以齊中興元年，敬撰此卷六十九條，以繫傳（亮）、張（演）之作。」然則最晚在齊和帝中興元年（五〇一年），王琰大約四十八歲時，《冥祥記》一書的初稿已經完成，他的朋友陸杲不但有機會拜讀，並在其著作中加以引述參證。

梁慧皎《高僧傳．序》：「臨川康王義慶《宣驗記》及《幽明錄》、太原王琰《冥祥記》、彭城劉悛《益部寺記》……並傍出諸僧，叙其風素，而皆是附見，亟多疏闕。……嘗以暇日遇覽群作，……並博諮故老，廣訪先達，校其有無，取其同異。」⑬

唐高祖武德間，釋法琳《破邪論》卷下：「太原王琰撰《冥祥記》一部。」⑭

《隋書·經籍記》史部雜傳類：《冥祥記》十卷，王琰撰。⑮

唐高宗永徽年間，唐臨《冥報記·序》：「昔晉高士謝敷、宋尚書令傅亮、太子中書舍人張演、齊司徒（從）事中郎陸杲，或一時令望，或當代名家，並錄《觀世音應驗記》。及齊竟陵王蕭子良作《宣驗記》、王琰作《冥祥記》，皆所以徵明善惡，勸戒將來。實使聞者深心感寤。」⑯

唐高宗總章元年，長安西明寺沙門釋道世撰《法苑珠林》，卷一〇〇雜集部：《冥祥記》十卷，齊王琰撰。⑰。

《舊唐書·經籍記》史部雜傳類：《冥祥記》十卷，王琰撰。⑱。

《新唐書·藝文志》子部小說類：王琰《冥祥記》十卷。⑲。

自北宋太宗太平興國初，李昉等編《太平廣記》，所載《冥祥記》遺文四十餘則，均轉錄自《法苑珠林》；又編《太平御覽》引遺文二則，也可能轉錄自前代的類書。而仁宗時，王堯臣等撰《崇文總目》，未收《冥祥記》；此後，歷代公私藏書目錄，皆罕見提及⑳，蓋原書在北宋初期即已散佚不全。

南宋以下，各種叢書輯錄、選刻的本子則有：

1.宋曾慥《類說》卷五，摘錄《冥祥記》四則，並見於《法苑珠林》與《太平廣記》。

2.元陶宗儀《說部》卷四，摘錄《冥祥記》一則，見於《法苑珠林》與《太平廣記》。

3.明末清初陶珽《重編說部》與一一八，收《冥祥記》七則。其中，五則見於《法苑珠林》、《太平廣記》；第四則〈明相寺〉、第五則〈薛孤訓〉，並記唐時事，《太平廣記》卷一一六引，皆云：「出《冥祥記》」，不確。

4.民國國學扶輪社《古今說部叢書．二集》，收《冥祥記》一卷，七則，乃覆印《重編說部》而成。

5.民國吳曾祺《舊小說．甲集》，選錄《冥祥記》五則，悉錄自《太平廣記》。

6.民國魯迅《古小說鉤沈》輯存，《冥祥記》一三一則。

肆、佚文來源與相關材料

宋元以來，學者既然無法見到《冥祥記》的全貌，只得從唐代的一些佛教書籍，如《法苑珠林》、《歷代三寶感通錄》、《辯正論》注、《釋門自鏡錄》，以及北宋初小說總集《太平廣記》等所引錄遺文，略窺一二，不無遺憾。

清末，魯迅（周樹人）自日本歸國，發憤整理鄉賢文獻與古小說，遂從《法苑珠林》、《三寶感通錄》、《初學記》、《辯正論》注、《太平御覽》、《太平廣記》諸書，輯出《冥祥記》佚文，經過仔細甄辨，謹愼編排，共得一三一則，可謂燦然大觀，値得學界重視並妥善利用參考。

由於客觀條件的限制，加上周氏輯錄古小說不下三十餘種，其中難免檢閱書籍有所遺漏，考辨偶未精審，編排未盡恰當的一些缺失，不宜苛求。今爲方便研討，特別根據《古小說鉤沈》本，加上個人檢閱載籍所得，編製成『《冥祥記》佚文出處及相關資料參照表』，提供參考。

編號	篇名	事件年代	引用遺文之類書載籍	相關資料索引
	自序	南朝齊末	三寶感通錄（以下簡稱「感通錄」）中、法苑珠林（以下簡稱「珠林」）一四、一七	觀音慈林集中
〇〇一	漢明帝	東漢明帝	感通錄中、珠林一三、三寶感應要略錄（以下簡稱「感應要錄」）上	後漢紀十、四十二章經序、牟子理惑論、高僧傳一、洛陽伽藍記四、法本內傳、魏書一一四、佛祖統記（以下簡稱「統記」）三五，五四、佛祖歷代通載（以下簡稱「通載」）四、釋氏稽古略（以下簡稱「稽古略」）一
〇〇二	羊　祜	西晉初	珠林二六	晉書三四、獨異志（太平廣記三八七）、統記三六，五二、通行本搜神記一五
〇〇三	朱仕行	魏高貴鄉公甘露	珠林二八	出三藏記集一三、高僧傳四、歷代三寶記六、感通錄下、大唐內典錄以下簡稱「內典錄」）二，三、開元釋教錄（以下簡稱「釋教錄」）二、北山錄四、感應要錄中、統記三五、稽古略一、神僧傳一

〇〇四	趙　泰	晉武帝泰始	珠林七、太平廣記（以下簡稱「廣記」）三七七	趙泰傳（珠林六）、幽明錄
〇〇五	支法衡	西晉初	珠林七、釋門自鏡錄（以下簡稱「自鏡錄」）上、廣記三八二	
〇〇六	釋僧群	西晉	珠林六三、自鏡錄下	高僧傳一二、神僧傳三
〇〇七	耆　城	晉惠帝末	珠林二八	高僧傳九、梁元帝雜傳（酉陽雜俎·續集四）、感通錄下、統記三六、通載六、稽古略一、神僧傳一
〇〇八	竺佛調	西晉	珠林二八	高僧傳九、感通錄下、神僧傳一
〇〇九	犍陀勒	西晉	珠林二八	高僧傳一〇、感通錄下
〇一〇	抵世常	晉武帝太康	珠林二八	感通錄下
〇一一	康法朗	晉懷帝永嘉	珠林九五、廣記八九	高僧傳四、神僧傳一
〇一二	竺長舒	晉惠帝元康	珠林二三、辯正論七、義楚六帖二	觀世音應驗記（以下簡稱「應驗記」）、晉錄（辯正論七）、法苑珠林（法華經傳記六）、辯正論（廣記一一〇）、觀世音持驗記上

○一三	釋慧遠	西晉	珠林六三	高僧傳六、統記三六、淨土往生傳（以下簡稱「往生傳」）上、廬山記一、神僧傳二
○一四	于法蘭 竺法護	西晉	珠林六三	出三藏記一三、高僧傳一，四、釋教錄二
○一五	何充	西晉	珠林四二	梁高僧傳（珠林一九）、感通錄下
○一六	竺道容	晉簡文帝咸安	珠林四二	比丘尼傳一、晉南京寺記（珠林三一）、統紀三六
○一七	闕公則 衛士度	晉武帝 晉元帝永昌	感通錄下、珠林四二	異苑五、高僧傳一、統記二六、往生集二
○一八	滕　並	西晉末	珠林四二	
○一九	竺法進	西晉末	珠林四二	
○二〇	周　閔 胡母氏	東晉初	珠林一八、廣記一一三	高僧傳一〇、冥報記（感應要錄中）、北山錄七
○二一	史世光	晉成帝咸和	珠林五、廣記一一二、永樂琴書集成一七	

〇二二	張　應	晉成帝咸和	珠林六二	靈鬼志、神鬼傳（廣記一一〇）、法苑珠林（廣記一一三）、辯正論（廣記一六二）
〇二三	董　吉	晉成帝咸和	珠林一八、廣記一一二	
〇二四	周　璫	東晉初	珠林一八、廣記一一〇	
〇二五	孫　稚	晉成帝咸康	珠林九一	宣驗記、法苑珠林（廣記三二〇）
〇二六	李　恆	晉元帝太興	珠林五六	法苑珠林（廣記八九）
〇二七	竇　傳	晉穆帝永和	珠林一七、廣記一一〇	應驗記、觀世音持驗記上、觀音慈林集中
〇二八	桓　溫	晉廢帝太和	珠林三三、稗史彙編一九	幽明錄、晉書九八、感通錄下、統紀三六，五三、通載六
〇二九	李　清	晉簡文帝咸安	珠林九五、廣記三七九	
〇三〇	呂　竦	東晉初	珠林五六	應驗記、法苑珠林（廣記一一〇）、觀世音持驗記上
〇三一	徐　榮	東晉初	珠林五六	應驗記、法苑珠林（廣記一一〇）、觀世音持驗記上

〇三二	竺法義	晉簡文帝咸安	珠林一七	應驗記、述異記（珠林九五、廣記一一〇）、名僧傳抄、高僧傳四、北山錄四、法華經顯應錄上、觀世音持驗記上、觀音慈林集中
〇三三	杜願	晉孝武帝太元	珠林五二	感通錄下、法苑珠林（廣記四三九）
〇三四	唐遵	晉孝武帝太元	珠林九七	
〇三五	謝敷	宋文帝元嘉	珠林一八、文房四譜四	法苑珠林（廣記一一三）
〇三六	丁承	晉康帝建元	珠林一八	出三藏記集五、釋教錄一八
〇三七	王凝之妻	晉孝武帝	珠林三三	幽明錄、晉錄（辯正論七）
〇三八	支遁	東晉	珠林七二	高僧傳四、自鏡錄下
〇三九	廬山	晉孝武帝太元	珠林一九	感通錄下、廬山記一
〇四〇	釋僧朗	晉孝武帝、前秦建元末	珠林一九	高僧傳五、感通錄中，下、神僧傳二
〇四一	釋法相	晉安帝元興	珠林一九	高僧傳一四、感通錄下、弘贊法華傳六、法華靈驗傳上

〇四二	張　崇	晉孝武帝太元	珠林六五	繫觀世音應驗記（以下簡稱「繫應驗記」）、法苑珠林（廣記一一〇）、觀世音持驗記上、觀音慈林集中
〇四三	王　懿	晉孝武帝太元	珠林六五	宋書四六、南史二五、法苑珠林（廣記一一三）
〇四四	程道惠	晉孝武帝太元	珠林六五	宣驗記、廣異記（廣記三八二）
〇四五	劉薩荷	晉孝武帝太元	珠林八六	高僧傳一四、梁書五四、南史七八、感通錄上、自鏡錄上、統紀三六、五三、神僧傳三
〇四六	竺法純	晉安帝元興	珠林七〇	繫應驗記、名僧傳抄、高僧傳一四、法苑珠林（廣記一一〇）、法華經傳記四、觀世音持驗記上、觀音慈林集中
〇四七	釋開遠	晉安帝隆安	珠林一七	繫應驗記、應驗傳（觀音義疏上）、法苑珠林（廣記一一〇）、法華經傳記六、法華經顯應錄上、法華靈驗傳下
〇四八	潘道秀	東晉	珠林一七、廣記一一〇	繫應驗記
〇四九	欒　荀	東晉	珠林一七、廣記一一〇	繫應驗記、觀世音持驗記上、觀音慈林集中

○五○	釋法智	後秦姚興	珠林一七、廣記一一○	繫應驗記、應驗傳（觀音義疏上）、續高僧傳二五、法華靈驗傳下、觀世音持驗記上
○五一	南宮子敖	東晉	珠林一七、廣記一一○	繫應驗記、觀世音持驗記上
○五二	劉　度	東晉	珠林一七、廣記一一○、感應要錄下	繫應驗記、觀世音持驗記上
○五三	郭宣之	晉安帝義熙	珠林一七	宣驗記、繫應驗記、辯正論（廣記一一○）、觀世音持驗記上、觀音慈林集中
○五四	庾紹之	晉安帝義熙	珠林九四、廣記三二一	異苑六
○五五	釋法安	晉安帝義熙	珠林一九	高僧傳六、蓮社高賢傳、統紀二六、神僧傳二
○五六	竺曇蓋	晉安帝義熙	珠林六三	高僧傳一二
○五七	向　靖	晉安帝義熙	珠林二六、廣記三八七、類說五、群書類編故事七	
○五八	石長和	晉成帝咸和	珠林七、廣記三八三	幽明錄

〇五九	單道開	晉穆帝升平	珠林二三	高僧傳一〇、晉書九五、感通錄下
〇六〇	徐　義	前秦建元末	珠林一七、廣記一一〇	續觀世音應驗記（以下簡稱「續應驗記」）、晉書一一五、法華靈驗傳下、觀世音持驗記上、觀音慈林集中
〇六一	畢　覽	後燕慕容垂	珠林一七、廣記一一〇	繫應驗記、觀世音持驗記上、觀音慈林集中
〇六二	釋法稱	東晉末	廣記二七六	宋書二七、高僧傳七、南史一、廣古今五行記（廣記一三五）
〇六三	仇那跋摩	宋文帝元嘉	珠林四二	出三藏記集一四、高僧傳三、感通錄下、內典錄四、神僧傳三、法華經持驗記上
〇六四	陳安居	宋初	珠林六二	法苑珠林（廣記一一三）
〇六五	釋僧規	宋武帝永初	珠林八三、自鏡錄上	
〇六六	何澹之	宋武帝永初	珠林八三	
〇六七	竺慧熾	宋武帝永初	珠林九四、自鏡錄下	異苑五
〇六八	王　練	宋初	珠林九四、辯正論七、義楚六帖二、廣記三八七、類說五	

〇六九	孫道德	宋少帝景平	珠林一七、廣記一一〇	宣驗記、繫應驗記、法華靈驗記下、觀世音持驗記上、觀音慈林集中
〇七〇	齊僧欽	宋少帝景平	珠林六二	
〇七一	魏世子	宋文帝元嘉	珠林一五、廣記一一四、統記二八	往生西方淨土瑞應傳（以下簡稱「往生傳」）、往生集二
〇七二	張　興	宋文帝元嘉	珠林一七、廣記一一〇	續應驗記、梁高僧傳（珠林六二）、續高僧傳二五、觀世音持驗記上、觀音慈林集中
〇七三	曇無竭	宋文帝元嘉	珠林六五	出三藏記集一五、高僧傳三、感通錄下、內典錄一〇、法苑珠林（廣記一一〇）、法華經傳記五、釋教錄五、法華經顯應錄上、神僧傳一、觀世音持驗記上、觀音慈林集中
〇七四	唐文伯	宋文帝元嘉	珠林七九、廣記一一六	
〇七五	釋道冏	宋文帝元嘉	珠林一七	高僧傳一四、感通錄下、弘贊法華傳一、內典錄一〇、法華經傳記四、法華經顯應錄上
〇七六	李　旦	宋文帝元嘉		冥報記（珠林六、廣記三八二）

○七七	鄭鮮之	宋文帝元嘉		宣驗記、冥報記（珠林六）
○七八	周　宗	宋文帝元嘉	珠林七九、廣記一一六	大明仁孝皇后勸善書（以下簡稱「勸善書」）一九
○七九	郭　銓	宋文帝元嘉	珠林九一、廣記三二四	宣驗記
○八○	司馬文宣	宋文帝元嘉		冥報記（珠林六、廣記三二五）
○八一	何曇遠	宋文帝元嘉	珠林一五、廣記一一四	
○八二	釋智通	宋文帝元嘉	珠林一八、法華經傳記九、義楚六帖三、廣記一一六、類說五、說郛四	自鏡錄上、統紀三六，五四、法華經顯應錄下、勸善書一九、法華經持驗記上
○八三	俞氏二女	宋文帝元嘉	珠林五、二二	比丘尼傳三、感通錄下
○八四	王　球	宋文帝元嘉	珠林二三	繫應驗記、法苑珠林（廣記一一○）、法華經傳記五、觀世音持驗記上、觀音慈林集中
○八五	劉　齡	宋文帝元嘉	珠林六二	法苑珠林（廣記一一三）
○八六	馬虔伯	宋文帝元嘉	珠林三二、廣記一一三	

〇八七	竺惠慶	宋文帝元嘉	珠林六五	宣驗記、名僧傳抄、高僧傳一二、法華經顯應錄上、觀世音持驗記上、觀音慈林集中
〇八八	葛濟之	宋文帝元嘉		
〇八九	尼慧木	宋文帝元嘉	珠林一五、廣記一一四、統紀二八	往生集三
〇九〇	釋僧瑜	宋武帝孝建	珠林一五	比丘尼傳二
〇九一	阮稚宗	宋文帝元嘉	珠林六四	祥異記（廣記一三一）、勸善書二〇
〇九二	邢懷明	宋文帝元嘉	珠林二三	繫應驗記、法苑珠林（廣記一一〇）、觀音慈林集中
〇九三	程德度	宋文帝元嘉	珠林二八	宣驗記
〇九四	劉琛之	宋文帝元嘉	珠林三六	感應錄下
〇九五	伏萬壽	宋文帝元嘉	珠林二七	繫應驗記、法苑珠林（廣記一一一）、觀音持驗記上、觀音慈林集中
〇九六	顧　邁	宋文帝元嘉	珠林二七	宣驗記、觀音慈林集中

〇九七	釋道明	後秦弘始 宋文帝元嘉	珠林六五	繫應驗記、高僧傳一二、感通錄下、弘贊法華傳一、內典錄一〇、法苑珠林（廣記一一一）、法華經傳記四、法華顯應錄上、觀世音持驗記上、觀世慈林集中
〇九八	釋曇輝	宋文帝元嘉	珠林二三	比丘尼傳四
〇九九	趙　習	宋文帝元嘉	珠林二三	
一〇〇	釋慧全	宋文帝元嘉	珠林一九	感通錄下、自鏡錄下
一〇一	王　胡	宋文帝元嘉		高僧傳一〇、冥報記（珠林六）、不注出處（廣記三二三）
一〇二	卞悅之	宋文帝元嘉	珠林五二、廣記一一一	宣驗記、觀世音持驗記上、觀音慈林集中
一〇三	釋曇典	宋文帝元嘉	珠林九〇	
一〇四	王淮之	宋文帝元嘉	珠林七九、廣記九九、類說五、樂善錄四	
一〇五	釋慧和	宋明帝泰始	珠林二七	繫應驗記、法苑珠林（廣記一一一）、法華經傳記五、觀世音持驗記上、觀世慈林集中
一〇六	釋慧遠	宋孝武帝孝建	珠林一九、九七	高僧傳一〇、感通錄下

一〇七	路昭太后	宋孝武帝大明	珠林一七、感應要錄下	高僧傳七、感通錄下、弘贊法華傳一
一〇八	釋道溫	宋孝武帝大明	珠林一七	宋書九七、高僧傳七、魏書一一四
一〇九	蔣小德	宋孝武帝大明	珠林九四、自鏡錄下	勸善書一九
一一〇	沈僧覆	宋孝武帝大明	珠林七九、廣記一一六	勸善書一九
一一一	釋慧玉	宋文帝元嘉	珠林一六	比丘尼傳二、感通錄中、法華經持驗記上
一一二	費崇先	宋明帝泰始	珠林二四、初學記二五	法苑珠林（廣記一一四、能改齋漫錄七）
一一三	何敬叔	宋明帝泰始	廣記二七六、太平御覽三五七	不注出處（珠林一四）、感通錄中、夢雋（廣記一六一）
一一四	袁　炳	宋明帝泰始	珠林二二、廣記三二六	
一一五	釋道志	宋明帝泰始	珠林七九、廣記一一六	自鏡錄上
一一六	陳秀遠	宋後廢帝元徽	珠林三二、廣記一一四	
一一七	釋智遠	宋後廢帝元徽	珠林九〇、自鏡錄上	弘贊法華傳九、勸善書一九
一一八	袁　廓	宋後廢帝元徽	珠林五二	法苑珠林（廣記三七七）
一一九	韓　徽	宋順帝昇明	珠林二七	繫應驗記、觀世音慈林集中

一二〇	釋慧嚴	宋文帝元嘉	珠林一八	高僧傳七、內典錄一〇、自鏡錄上、北山錄八、感應要錄中、通載八
一二一	羅璵妻	宋		述異記（珠林九五、廣記一〇九）、弘贊法華傳六、法華經顯應錄下、法華靈驗傳下、法華經持驗記上
一二二	彭子喬	齊高帝建元	珠林二七	繫應驗記、法苑珠林（法華經傳記六、廣記一一一）、觀世音持驗記上、觀世音慈林集中
一二三	董青建	齊高帝建元	珠林五二	法苑珠林（廣記一一四）
一二四	王四娘	齊武帝永明	珠林九一	
一二五	釋慧進	齊武帝永明	珠林九五、廣記一〇九	高僧傳一二、弘贊法華傳一六、感通錄下、內典錄一〇、法華經傳記四、感應要錄下、統記二七、往生傳上、往生集一、法華經顯應錄上、觀世音持驗記上
一二六	安法開	未詳	太平御覽九四六	
一二七	（謝敷）	宋文帝元嘉	珠林一八、文房四譜四	本則已見三五
一二八	（竺長舒）	晉惠帝元康	珠林二三、辯正論七	本則已見一二

一二九	釋僧洪	晉安帝義熙	辯正論七、義楚六帖一	繫應驗記、高僧傳一四、法華經傳記五、辯正論（廣記一一三）、北山錄八、觀世音持驗記上、觀音慈林集中
一三〇	史　儁	晉	辯正論七	宣驗記、觀音慈林集中
一三一	陳玄範妻	晉	辯正論七	宣驗記、辦正論（廣記一一一）
一三二	晉簡文帝	晉簡文帝	感通錄上	
一三三	釋僧妙	宋明帝泰始	自鏡錄上	唐高僧傳（珠林三五）

根據『參照表』，可以看出南宋以前之載籍，明確交代引用《冥祥記》遺文，其頻率依次是：《法苑珠林》一二〇則（含自序及重出二則），《太平廣記》卅八則，《三寶感通錄》八則（含自序），《釋門自鏡錄》七則，《辯正論注》七則（含重出一則），《太平御覽》二則，《初學記》、《法華經傳記》、《文房四譜》各引一則。其他，若《太平廣記》轉引《法苑珠林》，或者像《釋門自鏡錄》、《弘贊法華傳》、《法華經傳記》引用《冥祥記》而未標注出處者，暫不計入。

再者，《冥祥記》是一部屬於集成式的佛教應驗錄，除了撰者王琰本人的見聞記載之外，前期的有關書籍或單篇文章，都可能搜羅列入其中。目前可考有，至少有：《宣驗記》十二則、《觀世音應驗記》六則、《幽明錄》四則、《異苑》三則、《晉錄》二則、《續觀世音應驗記》二則、《法本內傳》、《靈鬼志》、《神鬼志》各一則。不過，之中偶而有並見於兩書的情況存在。

另外，《法苑珠林》及《太平廣記》引用《冥祥記》遺文，一方面是功勞很大，一方面則是造成混亂尤其利害，不得不在本節特別加以檢討。

首先，我們以日本《大正藏》百卷本《法苑珠林》爲主，檢索其引用《冥祥記》，扣除重複者，仍有一百卅七則。魯迅經過甄辨篩選，只收錄了一百十八則，其他：〈周宣帝宇文贇〉（卷四六）、〈王奐〉（卷七五）、〈張善〉（卷七七）、〈弘某〉、〈朱貞〉、〈樂蓋卿〉、〈杜嶷〉、〈羊道生〉、〈張臯〉、〈周文帝宇文泰〉、〈虞陟〉、〈季孫〉、〈張絢〉、〈裴植〉、〈万紐于中〉（以上並卷七八）、〈眞子融〉、〈文宣帝高洋〉、〈劉某〉、〈陳武帝陳霸先〉（以上並卷九一），總共十九則，《古小說鉤沈·冥祥記》未收。

王琰《冥祥記》完成齊和帝中興元年（五〇一年）之前。（說詳第三節：「作品流傳概況」）因此，梁朝以後事，照理不應載入。吾人推測魯迅未將〈周宣帝宇文贇〉等十九則置於《冥祥記》，最主要的原因是當中的十八個故事都發生在梁武帝普通元年

（五二〇年）之後，只有〈王奐〉所敘係齊武帝永明十一年（四九三年）事。不過，〈王奐〉所記是死後報冤事情，與《冥祥記》專錄崇佛誦經、立塔造寺顯效靈驗的主旨不合。也許有人會聯想到，梁武帝以後的故事混進來，這可能是王曼穎《續冥祥記》與《冥祥記》合編造成的結果。㉑不過，王曼穎大約卒於梁武帝天監十八年（五一九）前後㉒。除了〈王奐〉一則之外，其餘十八則所記諸事，仍然不是王曼穎所能見到的。唯一的解釋是：唐高宗時釋道宣編纂《法苑珠林》，他所採用的《冥祥記》曾有部份他書的篇章竄入，故而造成混淆狀況。㉓

其次，《法苑珠林》卷六引錄〈司馬文宣〉、〈王胡〉、〈李旦〉、〈鄭鮮之〉四則，並注云：「出《冥報記》」。今查《太平廣記》卷六二引〈鄭鮮之〉，注出《宣驗記》；卷三二三引〈王胡〉，未注出處；卷三二五引〈司馬文宣〉、卷三八二引〈李旦〉，並注「出《冥報記》」。以上四則，並記劉宋時事，既不見於存世的唐臨《冥報記》，也與唐氏書所錄起自南北朝末，迄於唐宗永徽之斷限不合。周氏《古小說鉤沈》，並將上述四則輯入《冥祥記》中，不無道理。㉔

又其次，《法苑珠林》卷九五引錄〈竺法義〉、〈羅璵妻〉、卷一一一引〈竺法義〉、卷三二五引〈王文明〉，同樣都注「出《述異記》」。周氏《古小說鉤沈》，將〈竺法義〉、

〈羅璵妻〉兩則輯入《冥祥記》，〈王文明〉一則輯入《述異記》。〈竺法義〉記法義感心疾，日就綿篤，因歸誠觀世音，晝眠，夢見一道人爲刳出腸胃，湔洗腑臟，因得痊瘉事。文末附記云：「自竺長舒至義六事，並宋尚書令傳亮所撰。」可證此則乃王琰轉錄自《觀世音應驗記》。〈羅璵妻〉文末附記云：「璵從妹即琰外族曾祖尚書中兵費愔之夫人也，于時省疾床前，亦具聞見。」也可以證明本則乃《冥祥記》遺文之一。至於〈王文明〉一則所記乃王氏家庭凶兆災禍事，與佛教信仰無關，歸入《述異記》是也。

至於《太平廣記》引錄，注明出自《冥祥記》者，總計四十六則。其內容可疑而未收載於《古小說鉤沈》本的，計有〈孫敬德〉（卷一一一）、〈薛孤訓〉、〈巂州縣令〉、〈明相寺〉（以上並卷一一六）、〈周畛奴〉（卷二八四）、〈孫迴璞〉（卷三七七）、〈趙文若〉（卷三八一）、〈楊師操〉（卷三八二）等八則。今按：〈孫敬德〉載東魏孝靜帝天平（五三四—五三七年）中事，非王琰所及見。《法苑珠林》卷十四引，文字稍詳，注出《齊志》及《旌異記》；又卷十七引，注出《唐高僧傳》。〈薛孤訓〉、〈巂州縣令〉、〈孫迴璞〉、〈楊師操〉四則，皆爲唐太宗貞觀中之事。〈巂州縣令〉一則，明沈與文野竹齋鈔本《太平廣記》作「出《廣古今五行記》」；〈孫迴璞〉一則，見《大正藏》本《冥報記》卷中；其餘二則，出處待考。〈明相寺〉記晚唐時事，〈趙文若〉記隋大業之事，其出處不詳。〈周眕奴〉記三國時代變化神異事，《法苑珠林》卷四三、《太平御覽》卷八八八、卷八九二引，並云出自《續搜神記》，今見通行本《搜神後記》卷四。以上八則，俱非《冥祥記》遺文，魯迅在輯佚過程中，審愼地評估，予以割愛而不收錄，極爲正確。

伍、主題取向分析

《冥祥記》爲達到輔教之目的，固然多載佛像瑞應、經塔顯效、僧徒高行異跡等事例。惟細加釐析，舉凡：精靈不滅、投胎轉世、因果報應、地獄鬼神、齋祈解罪、神變示現、揚佛抑道等主題，皆一再重複強調，藉機傳播。今試略依門類，稍予引述，並做討論。

一、精靈不滅

人死之後，神魂尙存，幾乎是所有宗教篤信不疑的基本觀念；而神靈不滅之說，尤爲漢魏以下佛教最重要信條。東晉、劉宋時期，在文士與僧侶間，神滅或不滅，則成辯論焦點之一。南齊武帝永明（四八三年—四九三年）中，范縝〈神滅論〉旣出，朝野大譁，王琰也捲入了這場世紀大辯論。因此，再三強調精靈的存在，人死魂神不滅，也就自然而然成爲整部書的攻防要務之一了。

在《冥祥記》目前所存佚文之中，我們可找出多則與「神不滅」主題有密切關係的事例。第二六則（依本書『下編：輯佚校釋』之編號爲準，後同）〈孫稚〉，述說晉太中大夫孫祚兒子，十八歲病亡；兩三年後，現身問訊父母，交代家人應奉法精進等事宜。末了還記載孫稚鞭韃婢女，阻止其叛走之過程。這些「悉如生時」的表現，傳達出一種「死而有知」的明確訊息。

第卌八則〈王凝之夫人〉記東晉才女謝道韞連喪二男，多年後忽見二兒並著鎖械來還，寬慰謝氏毋過度哀痛，並囑其母可爲作福。又第五五則〈庾紹之〉，寫晉湘東太守庾紹之死後六、七年，兩腳著械，現形拜訪表弟宋協，相互交談酬答如平生，並預言三年後重逢之事。然則生時犯有罪過，死後必受讁罰，似乎也是無可改變的結果。

此外，第八一則〈郭銓〉、第一一五則〈釋僧妙〉、第一一七則〈袁炳〉，第一二六則〈董青建〉，都有死後現形與親朋接觸的情節。至於第一〇七則〈王淮之〉，乃藉著不信佛法，氣絕復蘇的王淮之，親口宣告：「釋教不虛，人死神存」、「神實不盡，佛教不得不信」的意念，可謂用心良苦了。

二、投胎轉世

在生死觀上，佛教承襲了印度婆羅門教的轉迴思想，又有所發展改變。婆羅門教認爲人死後，人生本質的「我」——靈魂，一定會向別的人或別的動物肉體尋求寄寓，應業宿體，輾轉託生。佛教則將主體放在業㉕上，人之行爲善惡，可以影響到自己的命運。業果業報，永遠不滅，既能遺留給子孫，自己死亡後也會被驅引，形成另一新生命。因此，生死輪迴，因果報應的觀念，在六朝之佛教徒，甚至一般百姓心中，必然佔有一定的份量。

王琰所搜集的宗教性故事，與轉世或投胎有關者，至少有七則。例如：第三則〈羊祜〉，描述晉太傅羊叔子，年五歲出門遊望，在李氏家東垣樹下探得前身所弄指環，還差點惹出雙方互爭孩子的局面。第五八則〈向靖〉，記向氏幼女，喪後一年，再託生向家，竟開口跟母親要前世曾傷及母手的刀子，而且還認得先時所玩的那一把。兩條情節頗相類似。

第七十則〈王練〉，寫王導曾孫王練前生今世逸事。晉中書令王珉（字僧彌）相識天竺沙門，每語同學願後生爲王氏子；珉亦戲謂：「法師才行，正可爲弟子子耳！」頃之，沙門病亡；次年，王氏生子，始能言，便通解外國話語，認識甚多域外奇珍異寶，尤其對印度胡人特別友善。大家異口同聲謂沙門確係其先身，而爲小孩取名『阿練』（梵語阿練兒之略，舊譯阿蘭若，指寂靜的寺院）。唐陳子良注解《辯正論》，所引《冥祥記》有王珉妻祈觀音乞兒，以及王練叙前生事事有驗的情節㉖，可以並觀。

第一一九則〈陳秀遠〉，描述潁川陳秀遠於昏夕間卧，歎念萬品死生，流轉無定，一心祈念，冀通感夢。結果見到自己的前身及再前身。第一二六則〈董青建〉，經由董君自述四十七年中，七死七生的故事，勸勉世人宜勤修功德，以免墮入火、血、刀三途。它們都是意旨明確的例證。

三、因果報應

《涅盤經·憍陳如品》云：「善惡之報，如影隨行；三世因果，循環不失。此生空過，後悔無追。」㉗古本《因果經》曰：「欲知過去因者，見其現在果；欲知未來果者，見其現在因。」㉘按照佛教的說法，一切事物現象，皆非無端而來，必有其原因。作何等因，得何等果；輪迴業報，全在己身。比起傳統中國古籍，如《周易·文言》：「積善之家，必有餘慶；積不善不家，必有餘殃。」㉙《墨子·法儀》：「愛人利人者，天必福之；惡人賊人者，天必禍之。」㉚佛家談因果，講報應，無疑是更加全面而徹底，相關的理論與驗證資料，也是俯拾即得。

《冥祥記》一百三十一則佚文中，牽涉到因果報應的大約有二十幾條，有的又與轉世、地獄、魂神不滅等觀念交互出現。像第三則〈羊祜〉，既強調轉生，又雜叙因果；第一二一則〈袁廓〉，多記冥間場景，又夾帶報應情節；第一二七則〈王四娘〉，也是寫地獄之行，再加入果報說的。

第六八則〈何澹之〉，說宋大司農何澹之不信佛教，多行殘害，得病後，恆見一鬼，牛頭人身，手執鐵叉，晝夜守在身旁；請道士作符籙禳絕，並皆無效。相識沙門慧義來探候，特別提出：「罪福不昧，唯人所招。」可惜澹之無法轉心向法，他的下場，只有死路一條。

第九三則〈阮稚宗〉，謂稚宗性好漁獵，被鬼卒押往陰間，將他剝截炙煮，再蹲地灌水以除罪。最後，稚宗問主理的道人：「我行旅有三，而獨嬰苦，何也？」道人曰：「彼二人自知罪福，知而故犯；唯爾愚蒙，不識緣報，故以相誡。」稚宗返回陽間，遂斷漁獵殺生。原來是一樁機會教育實例。

第一一八則〈釋道志〉，詳述宋多寶寺僧道志監守自盜，竊取帳蓋、佛像相珠。旬餘得病，常見異人以戈矛刺之，應聲流血，傷痍遍體。臨終前，方懺悔請救。既死，同寺諸僧合集贖得相珠，並設齋懺。年餘，道志於昏夜間來稱謝，自說云：「自死以來，備縈痛毒；方累年劫，未有出期。」聞其語時，腥腐臭氣，苦痛難過；言終久久，臭乃稍歇。這眞是一段活生生的現世報題材。

四、冥間地獄

幾乎所有的宗教，都把勸善懲惡當作宣教的手段同目標。它們各有各的勸、懲理論，也都設置了勸、懲場所。與中國早期的冥界觀念，或泰山信仰㉛相比較，佛教所發展形成的天堂地獄說，可就繁複完備得多。㉜在六朝的佛教應驗錄，特別是集成代表作《冥祥記》，地獄景像就更清晰具體了。

佚文第五則〈趙泰〉。它是一個典型的冥界遊行案例。故事情節，主要分爲：入冥、宣示審判法則（冥律）、遊行地獄、死而復生四大段落。其中，泰山府君在確定趙泰無罪過之後，遣爲水官監作使，再轉水官都督，知諸獄事。鏡頭主要停留在犁泥獄懲罰罪人的方式，諸如：鐵柱銅床炮燒、炎爐巨鑊焚煮、劍樹刀山割截……等等。而生前行善作惡，死後審判變報，也是重點之一。末了，主角還陽前，府君言：「奉法弟子，精進持戒，得樂報，無有謫罰也。」又曰：「已見地獄罪報如是，當告世人，令皆作善。善惡隨人，其猶影響，可不愼乎？」趙泰復活之後，爲先人大設福會，改意奉法，課勸精進，簡直成了佛門在家信衆裡的模範生。

第四六則〈劉薩荷〉，追述尙氣武，好畋獵的稽胡種劉薩荷出家前暴病死，遊歷冥間的一段故事。主要情節，依序爲：入冥、遊行諸地獄（寒冰地獄、刀山地獄……）、聽菩薩說法、接受審判罪報、復生。蘇活後的薩荷，隨即出家，字曰慧達，奉法精勤，而且實踐菩薩所交代禮拜阿育王塔的指示。這又是一個由俗入聖的精彩案例。

第一二〇則〈釋智達〉，記載智達經歷入冥、審問、遊行地獄、罪報、禮佛懺悔、蘇活等過程。他被拘提至陰間的主要罪狀是：行頗流俗，善經唄，虧廢誦戒。審問的過程中，還出現了主事貴人請智達轉讀《法華經》三契的一段插曲。

在整部《冥祥記》裡，與地獄遊行有關的故事，多達二十個上下。它們主要的用意，不外是借由人的死而復生轉述死後公平、正義之審判，讓活人心生警惕。再者，描繪地獄種種恐怖景像、嚴刑惡報，令人膽顫心驚，不敢墮入其內。當然，如何提供機會，讓曾經爲惡而今有意悔改者，尋得一條救贖的道路，也是不可或缺的訊息。㉝

五、形像徵感

佛教塑像在六朝被稱爲「像教」㉞。它既是具體的「像」，又是抽象的「教」；既是具體個性化的「佛」，又是抽象普遍化的「理」。佛家即借由這種「像教」，大大地提高了宣傳的效果。

佛像既是佛、法、教、理的統一結合，亦是佛徒發心頂禮崇拜的對象。在佛教應驗錄中，強調形像靈驗徵感的故事頗多，單單在《冥祥記》就可找到二十則左右。

王琰撰集《冥祥記》，跟生平所供養的一軀觀世音金像有極爲密切之關係。〈自序〉曰：「鏡接近情，莫踰儀像；瑞驗之發，多自此興。經云：『鎔斲圖繢類形相者，爰能行動，及放光明。』今西域釋迦、彌勒二像，暉用若眞，蓋得相乎！今華夏景模，神應亟著，亦或當年群生，因爲所感，假馮木石，以見幽異，不必剋由容好而能然也。」顯然形像不分金石木帛等材質，『鎔斲圖繢』之方式，都能具有神應的效果。

第五九則〈釋僧洪〉。晉京師瓦官寺沙門僧洪偷鑄金像。鑄竟，像猶在模，所司收押僧洪，鎖禁在劉裕相國府第監獄。洪心念觀世音，日誦百遍。便夢所鑄金像出現獄中，以手摸洪頭，告以不用憂愁擔心。大約十天左右，從彭城傳來相國敕令，放免僧

洪；同時，金像也破模自現。這個故事，陸杲《繫觀世音應驗記》也收錄，文字更爲完整，可以參閱。㉟

第九九則〈釋道冏〉。宋文帝元嘉末，臨川王劉義慶鎭廣陵，請道冏供養。冏與衆僧於西齋中作觀世音齋。夜四更盡，冏欲坐禪而未眠，忽見四壁有無數沙門，悉半身出現；一佛螺髻，分明了了；有一長人，手把長刀，貌極雄異，捻香授道冏。俄而消失，唯睹齋中所置釋迦牟尼佛行像而已。按：劉義慶虔信佛教，供養僧徒不倦，有關靈驗事跡甚多，此乃其中之一，是否完全眞實，恐不易查證。

第一〇六則〈釋慧玉〉，記慧玉尼勤修行業，經戒通備，因而於長安、江陵屢見紅白光與紫光，後果分別於光處獲得彌勒金像及不知名金坐像。它一方面在表彰慧玉的感通能力，一方面也在宣揚佛像的徵應祥瑞。

六、經塔靈驗

佛經乃佛敎義理的寶庫。經過漢、魏以下梵、華高僧大德的共同努力，漢譯佛典漸多，僧尼佛徒即以所譯經典敎化信衆。佛經所傳旣是無上眞理，它本身也具備非凡的靈驗能力。至於塔（浮屠、窣堵波）原是埋葬佛骨的墳冢，爲數不多。直到古印度孔雀王朝的阿育王時代（前二六八年—二三二年），佛教臻於昌盛，阿育王曾多次下令在他所統治的無數小國建造寺塔。隨著佛教的對外傳播，佛塔也隨之擴散到中亞、東南亞和中國，塔似乎以成了佛的化身，同樣神聖不可侵犯。

王琰《冥祥記·自序》，既強調佛像的瑞驗，接著又云：「若夫經塔顯效，旨證亦同。」我們稍加搜尋，很容易就找到將近三十則與佛教經典、塔寺有關的記載。傳述者從各種不同的角度，肯定它們的存在價値與靈驗不爽。

第四則〈朱仕行〉，與大乘佛教經典傳入中國有所關涉。在魏高貴鄉公甘露年間，潁川沙門朱仕行西至于闐，尋求經藏。西域僧徒聞仕行求大乘《方等》諸經，駭怪不與。仕行乃焚柴灌油，捧經涕淚，稽首發誓曰：「若果出金口，應宣布漢地。諸佛菩薩，宜爲證明。」於是投經火中，既而柴木煨盡，文字無毀，皮牒若故。因遺弟子法饒齎梵本至河南陳留諸寺。這條記載也許有些誇大，卻在《出三藏記集》、《高僧傳》、《大唐內典錄》、《開元釋教錄》中，一再騰播流傳，令人印象深刻。

第廿一則〈周閔·胡母氏〉，敘述了一部素書《大品般若經》的神奇史。不管是西晉末永嘉之亂，或是東晉初蘇峻之亂，百姓士人皆東西播遷，避兵逃難。兩人在收拾細軟之外，還不忘家傳寶貝的素書《大品》。原本緘於深篋大櫃，此時忽自出在外，得以順

利懷持而去，簡直神奇的讓人嘆爲觀止。傳說它就是《高僧傳》卷十「神異」科〈安慧則〉手自細書的《大品經》呢！㊱

第四六則〈劉薩荷〉，除了著重描述劉薩荷的冥界遊歷之外，觀世音大士曾爲他講說佛法，並云：「……造塔及興堂殿，雖復一土一木，若染若碧，率誠供助，獲福甚多。若見塔殿，或有草穢，不加耘除，蹈而行之，禮拜功德，隨即盡矣。」薩荷臨去，菩薩又謂曰：「……汝得濟活，可作沙門。洛陽、臨淄、建業、鄮陰、成都五處，並有阿育王塔。又吳中兩石像，育王所使鬼神造也，頗得眞相。能往禮拜者，不墮地獄。」薩荷已得蘇活，隨即出家，奉法精勤，還大力實踐菩薩的建言，十分難得。

七、歸心顯效

《史記·屈原賈生列傳》云：「人窮則反本。故勞苦倦極，未嘗不呼天也；疾痛慘怛，未嘗不呼父母也。」㊲一般而言，平常吾人遭遇困厄危急時，很自然的會祈求上天保佑；宗教信徒則每以歸心救苦救難的教主，唸誦最具靈驗效力的經典，作爲避災彌禍之便利方法。自《冥祥記》而論，僧徒文士時常誦讀的，有《摩訶般若波羅蜜經》、《無量壽經》、《涅槃經》、《法華經》；而庶民百姓熟習的則是《觀世音經》（即《法華經·觀世音菩薩普行品》別行者），在緊急狀況下所呼叫的當然非觀世音莫屬之了。

第三十則〈李清〉。它原屬於冥間遊行事例，但能順利還返陽界，顯然應歸功於歸心佛、法、僧三寶，所以當李清隨逐官師僧達道人稽顙哀求時，僧達云：「汝當革心爲善，歸命佛、法，歸命比丘僧。受此三歸，可得不橫死。受持勤者，亦不經苦難。」清即奉受，加上前七生時師父的佐助，遂便還陽復活。

第六二則〈畢覽〉，簡述苻秦東平人畢覽隨慕容垂北征，沒虜，單馬逃竄。虜追騎將及，覽至心誦念觀世音，竟得免脫。因入深山，迷惑失道，又專心持唸。半夜，夢見一位法服持錫道人，指示途徑，遂得安穩至家。眞可謂情節緊張，過程順利，十分幸運。陸杲《繫觀世音應驗記》也收錄了這個故事。

第七三則〈曇無竭〉。宋黃龍（今熱河省朝陽縣）沙彌曇無竭，淨修苦行，常誦《觀世音經》。曾與同志僧猛、曇朗等人，往尋佛國，備經荒險。旣達天竺舍衛國，路逢一群山象。無竭齎經誦念，稱名歸命。有獅子從林中出，象驚奔走。又遇一群野牛，鳴吼而來。無竭歸命如初，感得大鷲飛近，牛便逃散，遂能免難。這個案例，在《出三藏記集》、《高僧傳》、《神州三寶感通錄》、《大唐內典錄》、《法華經傳記》等書中一再出現，相信是教中人最熟悉樂見的作品之一。

今總計，歸心佛祖觀音，唸誦佛經而獲靈驗見顯效的案例，在現存《冥祥記》輯本內，大約有四十條次，接近全數的三分之一，實可說是洋洋大觀。

八、齋祈解罪

《大乘義章》卷十二曰：「防禁故名爲戒，潔清故名爲齋。」齋，梵名(Upavasatha)，清淨之義；後轉曰時，指不過中食之法；然後又一轉爲重禁肉食。因此，齋會做法事、做功德，先潔淨洗心，然後會僧施齋食，整個流程合爲一體。至於凡人信衆，每因罪謫懺悔之故，請僧道設會誦經咒，以求消災免禍，也是習見的方式。《冥祥記》中，相關事例即有多起。

第八則〈耆域〉云：「尙方中有一人，廢病數年，垂死。(耆)域往視之，謂曰：『何以墮落，生此憂苦？』……梵唄三偈訖，爲梵咒可數千語。尋有臭氣滿屋。……苦病人遂瘥。」這是早期誦咒解罪治病的案例之一。

第七二則〈齊僧欽〉。江陵齊氏一門奉法，善相占者預言僧欽「年不過三六」。至宋少帝景平時，年十七，得病危篤。家人齋祈彌勵，亦淫祀求福，疾終不癒。後請女巫於野中設酒脯，燒錢燃燈，行探命之術。僧欽病遂差。這是以個人奉法精勤爲主，外加民間巫術的協助，然後順利渡過劫厄的混合體。

第八一則〈郭銓〉。晉益州刺史郭銓，安帝義熙初以黨附桓玄被殺。亡後二十餘載，忽現形詣女婿劉凝之，請爲作四十僧會，以免脫罪讁。劉謂是魍魎，不大在意。銓又托夢給女兒，憤怒哀求有加。凝之急忙供辦，事乃圓滿無憾。這是爲在陰間親人設會解罪的事例。

在《冥祥記》中，並無所謂「原罪」㊳的觀念。吾人罪愆的形成，可能肇因於個人的犯錯行爲，也可能是前世宿孽未消。解決的途徑，諸如：奉法持戒、懸幡燒香、禮拜轉經……不一而足。除了前引三例之外，像第廿二則〈史世光〉、七四則〈魏世子〉、七八則〈李旦〉、八八則〈馬虔伯〉、一一八則〈釋道志〉，也都有類似的情節，可一併參閱。

九、僧尼異行

秦、漢之際，我國仍是巫風盛行，傳統迷信及符籙道術充斥民間。佛教初入中土，僧徒傳教除了依附黃、老以外，還得使出神通咒術，令庶民百姓在驚異懾服之餘，繼而敬信崇拜。釋徒僧尼，藉由凝心修定，往往能獲致神力，變化無方。這些相關的事例，每見於佛教載籍上。王氏《冥祥記》既尊崇釋迦佛、觀音大士的法力無邊，同時對於衆多沙門僧尼的神蹟異聞，亦津津樂道。

第十七則〈竺道容〉。晉明帝時，安徽歷陽烏江寺尼道容，戒行精峻，屢有徵感，甚見敬事。時簡文帝司馬昱師清水道王濮陽，道容亟加開化，而未之從。其後，帝每入道舍，輒見神人爲沙門形，盈滿室內。帝疑道容所爲，因事爲師，爲造新林寺。此事亦載釋寶唱《比丘尼傳》卷一㊴，文字更詳細。

第四一則〈釋僧朗〉。沙門僧朗於山東奉高縣金輿山谷，起立塔寺，造製形像。苻堅晚歲，降斥道人，獨敬僧朗，不敢毀擾。每日有信徒前來拜奉，先一日已逆知人數多少，使弟子備齋具，必如言果到。其谷舊多虎害，立寺之後，皆如家畜。後世稱爲朗公谷。《高僧傳》、《神州三寶感通錄》、《神僧傳》，亦轉錄此事。

第五六則〈釋法安〉。晉慧遠弟子法安在義熙末年遊化湖北陽新縣。其地虎暴甚盛，死者夕必一兩。法安暮投村，居民不肯受，乃於樹下坐禪通夜。清晨，有虎負人至樹北。見法安，喜跳伏前。安爲說法授戒，虎據地不動，有頃而去。從此以後，虎患遂息。衆人敬異，一縣士庶，略皆奉法。這個故事，《高僧傳》，曾加以採用。

《冥祥記》佚文中保存的異行僧尼事例，將近二十則，約佔存量的六分之一。僧侶部份，大都被收載於梁慧皎《高僧傳》；尼姑之屬，則互見於梁寶唱《比丘尼傳》。兩人都將王琰所載錄的逸史，當做重要參考素材，並加轉化而進入傳記之林。

十、神變示現

在佛教傳播初期，釋迦牟尼佛與衆菩薩爲說法點化，時常展示神妙通力。它妙用不測，卻融通自在，名曰神通。降及後世，爲了吸引徒衆，增強宣教效果，神人冥士屢屢現身，直接或間接地進行勸化工作。單單在《冥祥記》一書，即有超過二十個相同主題的實例出現。

第十一則〈抵世常〉。晉武帝太康中，禁國人作沙門。河北中山郡抵世常，家道殷富，奉法精進；潛於宅中起立精舍，供養沙門。僧衆來者，無所辭卻。有一比丘，姿形頑陋，衣服粗弊，跋涉塗濘，來詣世常。常出作禮，命奴取水，爲其洗足。比丘堅持世常應親自服務，世常以年老疲瘵爲藉口。比丘不聽，世常竊罵而去。比丘便現神足，變身八尺，顏容瓌偉，飛行而去。世常撫膺悔歎無已。這個故事，唐釋道宣節取入《神州三寶感通錄》。

第廿七則〈李恆〉。晉朝安徽譙國李恆少時，有一沙門造訪，謂恆曰：「君福報將至，而復對來隨之。君能守貧修道，不仕宦者，福增對滅。」與一卷經，恆不肯收。又固問前途貴賤如何？沙門曰：「當帶金紫，極於三郡。若能於一郡止者，亦爲善也。」因留宿。恆夜起，見沙門身滿一床。入呼家人，大小闚視，復變爲巨鳥，踌屋樑上。天明，回復原形而去。恆送出門，忽不復見。因此事佛，唯不能精至。後歷三郡太守，晉元帝太興中，參預王敦部下錢鳳之亂，誅死。

第七七則〈釋道冏〉。宋文帝元嘉初，沙門道冏在洛陽爲人作普賢齋。道俗四十餘人，正就中食。忽有一人，穿褶著褲乘馬，入至堂前，下馬禮佛。道冏謂是常人，不加禮異。此人登馬揮鞭，失其所在；便見赤光，赫然竟天，良久而滅。

第一〇九則〈路昭太后〉。宋文帝路淑媛，孝武即位，上尊號曰皇太后。大明中，造普賢菩薩乘寶輿白象，安於京師中興禪房。齋畢，解散法座，會僧二百人。爾日僧名有定，就席久之。忽有一僧，豫於座次，風貌秀發，舉堂矚目。齋主與語，往還百餘言，忽不復見。本段情節，都邑僧主釋道溫即時寫入〈路昭太后造普賢菩薩記〉㊵；其後又錄入《高僧傳》、《三寶感通錄》中。

十一、教派爭勝

佛教初入中土，爲了要深入民間，爭取大衆支持，遂向道教暨巫術靠攏。已而佛法日漸弘傳，信衆增多，乃思獨立門戶，自然引起釋、道、巫三者間的競爭。從此，攻擊貶抑詆毀對方的言詞，屢有所見。《冥祥記》所載七、八個屬於晉、宋時期之事例，頗具有代表性。

第廿三則〈張應〉。晉歷陽張應，原係巫覡，鼓舞淫祀。成帝咸和中，移居蕪湖。妻得病。應請禱備至，財產略盡。其妻信佛，乞作法事。應即往精舍見竺曇鎧。曇鎧與期，明日往齋。夜夢一長人，從南來，入門指責應家不潔淨，曇鎧隨後爲之緩頰。應眠覺，便秉火作高座與鬼子母座。曇鎧明往，具說所夢。遂受五戒，斥除神影，大設福供。妻病即痊，尋都除癒。這個故事，在晉、宋間撰成的《靈鬼志》上已經出現，也載入無名氏《神鬼傳》㊶。王琰可能參考它們，甚至直接迻錄。

第八七則〈劉齡〉。宋劉齡居於晉陵，頗奉佛法，於宅中立精舍，時設齋集。文帝元嘉中，父暴病卒。巫祝並云：「家當更有三人喪亡。」鄰家有道士魏叵，語齡曰：「君家衰禍未已，由奉胡神故也。若事大道，必蒙福祐；不改意者，將來滅門。」齡遂延請道士，罷不奉法。叵又曰：「宜焚去經像，災乃當除。」因閉精舍門戶，放火焚燒。炎熾移時，經像旛幘儼然如故，所燒者唯屋而已。魏叵等師徒，猶盛意不止，被髮禹步，執持刀索，斥佛還胡國，不得留中夏爲民害。齡於其夕，頓仆於地，遂攣躄不能行動。叵體內發疽，日出二升，一月便死；同伴並皆病癩。

第九〇則〈葛濟之〉。江蘇句容葛濟之世事仙學，妻全氏亦同奉祀，而心樂佛法，常存誠不衰滅。宋文帝元嘉中，紀氏方在機織，忽覺雲日開朗，空中清明。投釋筐梭，仰望四表，見西方有如來眞形，及寶蓋旛幢，蔽映天漢。便稽首作禮，並援濟之手，指示佛所。俄而隱沒。於是雲日鮮彩，五色燭耀，兩三食頃，方稍除歇。鄉鄰親族，頗亦睹見。自是村閭中，歸奉佛法人數大增。

上述三則，前一則屬於佛、巫之爭；後兩則俱爲有關釋、道較量與爭取信衆的情節，所反映的是江南地區敎派互搏角力之景況。這種趨勢，日後仍然持續發展，或明或暗，殆無眞正止息時節。

陸、形式與風格特色

魏晉南北朝時期的志怪作品，依然維持我國古小說記街談巷語的傳統風貌，篇幅簡短，著墨不多。其保存較爲完整的作品，少者自十餘字至數十字，二三百字的情形最普遍，五六百字以上的就不多見。

《冥祥記》一書，出現在齊、梁之際，它除了轉錄前代或時人載籍，也有不少屬於編撰者聞見所及，親手記錄成篇的例子。今就目前所能掌握的一百三十一則遺文而論，三百字以上的約有四十則。其中，五百字以上者十三則，又有三則超過一千字。（〈趙泰〉、〈陳安居〉兩則，一千一百餘字；〈劉薩荷〉一則，一千二百餘字）。其篇幅加長不少，在南北朝的志怪作品中頗爲突出。

志怪作者通常採用史傳的叙事手法，以散文寫作爲主。他們認爲幽明雖然殊塗，而鬼神皆係實有，故其叙述異事，大抵本諸誠心。又爲了要取信時人，多有注明見聞來源，交代出處的習慣，宗教應驗錄一類，尤爲常見。《冥祥記》遺文一百三十一則，交代聞見出處者，至少有卅二則，比例甚高。今稍引用數條，以見一斑。

①〈朱仕行〉一則，文末云：「慧志道人先師相傳，釋公亦具載其事也。」

②〈趙泰〉一則，文末云：「時親表內外候視泰者，五六十人，同聞泰說。泰自書記，以示時人。」

③〈竺曇蓋〉一則，文末云：「劉敬叔時爲（劉）毅國郎中令，親豫此集，自所睹見」。

④〈陳安居〉一則，文末云：「受五戒師字僧昊，襄陽人也，末居長沙，本與安居同里，聞其口說。

安居之終，亦親睹，果九十三焉。」

⑤〈彭子喬〉一則，文末云：「琰族兄璉，親識子喬及道榮，聞二人說，皆同如此。」

以上五則，或經由事件之關係者口述，或當事人自寫傳記示衆。其目的不外在自神其教，並獲得大衆的信服。傅亮《觀世音應驗記》以下一系列的佛教應驗故事集，基本上都採取這種辦法，幾乎成爲共同模式了。

志怪作者每多能文之士，雖未嘗刻意雕章琢句，而下筆自能合於規矩繩墨，毫無拖沓頹唐的毛病。《冥祥記》的許多篇章幅度增長不少，情節比較複雜曲折，敘事更加具體細緻，技巧純熟自然，語言簡鍊潔淨，大體上仍能保存史傳散文平實無華的風格。譬如〈趙泰〉一則，《法苑珠林》卷六引〈趙泰傳〉㊷一文，可能係趙泰的自傳節錄。劉宋劉義慶編撰《幽明錄》，收載趙泰還魂故事，已達九百餘字，是否爲趙泰自傳原文，不得而知。及至《冥祥記》，敘此事更爲細密，篇幅且長達一千一百多字，顯然經過王琰的加工。又如〈陳安居〉一則，記劉宋初陳氏死而復蘇的情節，亦文長一千一百餘字，敘事井然，刻畫入微，歷歷如在眼前，也是佳構。

柒、全書的價值及影響

大約在一千五百年前，王琰用心匯集了大批宗教靈驗故事，借以宣揚佛教，對當時及後代，相信曾產生了不少作用。如今時移世遷，它護教傳教的功能固已大爲降低；然而在反映佛教發展的軌跡，在記載印證六朝前期歷史狀況，以及保存時代之語法詞彙上，仍舊值得重視。至於對於後代相關作品所產生的影響，也不妨重加評估。

一、宗教上的價值

佛教在中國的傳播發展，除了原始經典的寫刻翻譯之外，高僧大德的講說勸化，士大夫的誦讀闡揚，庶民大衆之頂禮膜拜等等，也都是重要的支柱。歷代翻譯經典，大抵保存了完整的記錄。在義解、習禪、明律、誦經、興福，以至神異功能方面有特殊成就表現的僧尼，也有《高僧傳》、《比丘尼傳》之屬，詳加載錄。至於士大夫的宗教信仰情況，正史傳記上固然不多見，在其他文集、雜傳或筆記小說上，則時有所聞。然而信徒中佔最大多數的平民百姓，其宗教生活卻鮮有書面資料保留下來。在這種狀況之下，《冥祥記》收集保存了一大批層面廣泛，叙述簡明的各種宗教活動實錄，也就顯得格外珍貴。

在一百三十一則遺文中，以出家僧尼爲主的事例有五十件。其中，有廿九則見於《高僧傳》，五則見於《出三藏記集》（四則與《高僧傳》重出），五則見於《比丘尼傳》，三則見於《名僧傳（抄）》（並與《高僧傳》重出），二則見於《續高僧傳》。總計《冥祥記》中，共有卅七個完整事例，與佛教傳記互見，而且關係密切。尤其是梁慧皎在《高僧傳·序》裡，特別點出《冥祥記》「傍出諸僧，叙其風素」㊸，本人曾大量參考引錄，殆無疑義。此外，不見諸各種僧尼傳記的二十三件事例，似乎成了晉、宋間寶貴的佛教逸傳材料了。

書中不屬於出家人的事件，總共有八十一則；扣除第四十則〈廬山〉，仍有八十則涉及帝王、將相、士大夫與平民百姓。漢明帝、羊祜、何充、周閔、桓溫、晉簡文帝、謝敷、王凝之妻（謝道韞）、王懿、徐義、王練、鄭鮮之、宋路昭大后、何敬叔等人，固然在正史本紀、列傳上可以輕易查到，卻不一定會將有關宗教信仰的情節列入；至於像趙泰、闕公則、衛士度、滕並、孫稚、李恆、程道惠、欒苟、庾紹之、何澹之、郭銓、王球、馬虔伯、卞悅之、王淮之、袁炳、陳秀遠、袁廓、彭子喬、董青建、史俊等，皆爲士大夫階層，生平或略見正史附傳及各種雜傳，也有不少僅見於《冥祥記》

者。此外，則有軍人階級或幕府僚屬，如竇傳、李清、潘道秀、南宮子敖、畢覽、周宗、阮稚宗、邢懷明、程德度、伏萬壽、顧邁、趙習、韓徽。當然，我們不難發現書中還存在一大批奉法精進的社會大衆，或少數的慢佛，甚至爲非作歹的「頑民」。凡此種種，構成了一幅晉、宋佛教信仰圖志，全面而豐富。

在《冥祥記》裡，佛徒最常誦讀的經典。依序是：《法華經》（含《觀世音經》）、《般若波羅蜜經》（包括大品、小品）、《首楞嚴經》、《無量壽經》、《涅槃經》、《光明安行品》。大家所崇拜仰望的，主要爲：釋迦牟尼佛，觀世音、菩賢、大勢至諸菩薩，鬼子母等。特別觀音菩薩這位慈悲爲懷，救苦救難，有求必應，又無所不在的善神，在整個六朝佛教信仰史上，確實是一個最特殊又最平常的範例。經過了一二千年，在整個亞洲地區，進而只要有中國人存在的地方，它的作用與影響，仍然是極爲廣泛深遠的。㊹

二、史料上的價值

王琰本人具備豐富的史學家素養，對於相關材料的搜集與甄別，自有其獨到之處。在《冥祥記》一書中，既有「承於前載」（干寶《搜神記·序》）的部分，還有不少是個人「採訪近世之事」（仝上）的結果。我們在閱讀這本集成式的故事集，不只感受到它強烈的宗教氣息，同時也能獲得爲數可觀的歷史人物、事件……諸種資訊，可以印證補充甚或修正三國、兩晉、宋、齊等朝代的史實，值得重視。今略舉數例，以說明一二。

〈釋僧群〉一則，叙述晉安郡羅江縣霍山有泉水，飲之可以絶粒不飢。晉安太守陶夔，聞而求之，竟不可得。按：陶夔，陶淵明從叔，官至太常卿。其生平事迹稍晦。沈約《俗說》謂夔曾爲王孝伯（恭）參軍㊺；《魏書》卷九六〈司馬叡傳〉云：「德宗復僭於江陵，改年義熙。尙書陶夔迎德宗，……」㊻夔爲晉安太守一職，史書失載。除了《冥祥記》之外，樂史《太平寰宇記》卷一〇〇『福州·永泰縣』下，還載錄晉安郡太守陶夔所撰〈高蓋山記〉㊼，足相印證。

〈竇傳〉一則，先載於傅亮〈光世音應驗記〉，卻因錄入《冥祥記》而廣爲後人所知。文中所提到的幷州刺史高昌、冀州刺史呂護，原本都是後趙末年冉閔的部將。後趙既亂亡，兩人先後反復於前燕慕容氏與東晉之間。《晉書》卷八、卷十二、卷十三、卷一〇七、卷一一〇、卷一一一、卷一一六，曾零散地記載他們個別活動。而今通過小說來告訴讀者，早在晉穆帝永和（三四五年—三五六年）時代，雙方就已經各擁部曲，相互襲擊對方，並殘酷地處決俘虜。

〈張崇〉一則，記苻堅淝水之戰敗後，鮮卑慕容氏、羌族姚氏紛紛自立，關中連年戰亂。百姓攜家帶眷，成群結隊南奔東晉政權。沒想到卻被襄、樊一帶的東晉駐軍將領攔截，當作『游寇』，殺其男丁，擄其子女。這些殘酷不人道的情形，在《晉書》等史籍幾乎看不到隻言片語，卻被看作『釋氏輔教之書』（魯迅《中國小說史略》語）生動地記錄下來。而張崇本人，因信奉佛法，歸念觀世音，幸運逃脫，所以南齊陸杲也將此事載入《繫觀世音應驗記》。

〈邢懷明〉一則，也互見於陸杲《應驗記》。所記宋文帝元嘉七年到彥之北伐，朱脩之等留戍滑臺（今河南省滑縣），次年二月陷沒於索虜手中事，固然可以在《宋書·朱脩之傳》獲得詳細資料。唯後半寫十年後邢懷明居住京師建康，與鄰居劉斌、劉敬文因屬前丹陽尹，領軍將軍劉湛之黨，同被誅夷一段，乃從側面反映了宋文帝與堂兄劉義康間政治鬥爭之部份實況。

〈袁炳〉一則，以南朝名作家江淹的好友袁炳死後現形拜訪另一同僚司馬遜，兩人談論冥間罪福報應爲主軸，附帶叙及他們的幕主王僧虔。從袁炳「泰始末，爲臨湘令」，到炳請司馬遜「敬詣尚書」，「時司空王僧虔爲吏部」等片段記錄，再據《南齊書·王僧虔傳》和《梁江文通文集》中的〈袁友人傳〉、〈報袁叔明書〉、〈自序傳〉、〈傷友人賦〉、〈貽袁常侍詩〉等篇章，似乎可以確定袁炳卒於宋後廢帝元徽元年（四七三年），享壽二十有八。《冥祥記》補充和證實了江淹的記載，這對研究江淹作品有一定的功用及意義。[48]

三、語料上的價值

由於受到佛教典籍漢譯之刺激，加上戰亂動盪的局勢，各民族之遷徙與融合諸多因素的影響。在漢語詞彙發展演變史上，魏晉南北朝是一個變化劇烈的關鍵時期。明顯可見的現象，諸如：新詞大量出現；大多數舊詞意義發生了類型各異的蛻變，產生了許多新義項和新用法；同義詞顯著增加等等。[49]追尋這些現象的來龍去脈，探討新增詞彙的意義用法，除了漢譯佛經之外，本時期的各種雜記小說，也保留有不少資料，足供採擷搜集。

王琰是一位受過良好家庭教育，又有豐富生活閱歷的士人。無論在傳統知識的廣度與深度，或者語言修辭的掌握訓練，都有很高的水準。他又大量吸收彙整了前代、當代種種書面與口頭的文獻資料。因此，一些比較平淺通俗的詞彙，口語化的時代用語等，也就很自然地被保存下來。以下僅就其中部份比較明顯的例子，稍加臚列考釋，提供參考。

(1)周旋，亦作周還，動詞。原先指運轉追逐，也指行禮時進退揖讓的動作。東漢末季以來，逐漸用爲交往、交際應酬，然後轉成交情、朋友，不一而足。

△泰始末，琰移居烏衣，周旋僧以此像權寓多寶寺。（〈自序〉）

△（呂）竦與郗嘉賓周旋，郗所傳說。（〈呂竦〉）

按：曹操〈與荀彧追傷郭嘉書〉：「郭奉孝年不滿四十，相與周旋十一年，險阻艱難，皆共罹之。」『周旋』，正是交往、往來之義。魏晉南北朝時期，使用更加普遍。志人小說，《語林》、《世說新語》、《俗說》；志怪小說，《搜神後記》、《述異記》等，不乏其例。《冥祥記》的兩則，第二則仍作動詞；第一則乃用如名詞，指朋友。㊿

(2)款曲。漢魏之間，或指誠摯殷勤的心意，猶衷情；或謂內情、詳情。晉、宋以下，則多用爲殷勤、周到，《冥祥記》所見有三例，皆然。

△……十人，同集泰舍，款曲尋問，莫不懼然，皆即奉法也。（〈趙泰〉）。

△弟子濕登者，云於流沙北逢域，言語款曲。（〈耆域〉）

△時南林寺有僧與靈味寺僧含沙門，與鬼言論，亦甚款曲。（〈司馬文宣〉）

(3)白衣。古代平民穿著白色衣服，因即指平民或無官職的士人，亦時指在官府當差的小吏。佛教東傳，僧尼徒屬悉著緇衣，因稱俗家爲『白衣』。魏晉以來，南北朝、唐、宋，至今猶然。《冥祥記》見有五例，皆與沙門、僧人對舉，今錄二則以概其餘。

△晉沙門釋法智爲白衣時，常獨行，至大澤中，忽遇猛火，四方俱起。（〈釋法智〉）

△後三年十二月，（道冏）在白衣家復作普賢齋。將竟之日，有二沙門，容服如凡，直來禮佛。（〈釋道冏〉）

按荀氏《靈鬼志》：「太元十二年，有道人從外國來，能吞刀吐火，吐珠玉金銀。自說：其所受師即白衣，非沙門也。」[51]它是晉、宋間的志怪小說，時代在王琰之前，用法完全相同。

(4)不展、未展。表示客觀條件或主觀能力達不到，意即來不及，不能夠。

△……尤惜《大品》，不知在何臺中？倉卒應去，不展尋搜。（〈周閔·胡母氏〉）

△時輝將嫁，已有定日。法育未展聞說其家，潛迎還寺。（〈釋曇輝〉）

按：王羲之〈雜帖〉：「及以令弟食後來，想必如期果之，小晚恐不展也。故復旨示。」王氏所用『不展』，正是來不及的意思。『展』字此義，應係從寬延、推遲之義而來。[52]

(5)貧道。兩晉、南北朝時，朝廷定制僧人自稱貧道。唐以後，僧徒改稱貧僧，道士則謙稱曰貧道。《冥祥記》一書，至少出現四次，今選錄二則。

△（張興）妻驚呼：「闍梨何以賜救？」融曰：「貧道力弱，無救如何？唯宜勤念觀世音，庶獲免耳。」（〈張興〉）

△師將往詣官主，云：「是貧道弟子，且無大罪，曆算未窮。」即見放遣。（〈釋曇典〉）

按：葉夢得《避暑錄話》卷下云：「晉、宋間，佛學初行，其徒猶未有僧稱，通曰『道人』。……『貧道』亦是當時儀制，定以自名之辭。不得不稱者，疑示尊禮，許其不名云爾。今乃反以名相呼而不諱，蓋自唐已然，而『貧道』之言廢矣。」㊺其言甚詳，惜未舉證耳。

四、對後世作品的影響

以一個虔誠佛教徒編撰的志怪小說，時代較早者，目前尚有劉宋初期傅亮《光世音應驗記》，劉義慶《幽明錄》、《宣驗記》，或存或殘。而做爲『釋氏輔教之書』的《冥祥記》，則份量頗重，影響的層面既深且廣。目前，我們固然無法由統計數字來加以評估，但以歷代相關文獻做爲旁證，或許是可行的辦法之一。

梁朝慧皎撰《高僧傳》，其中廿九篇，或與《冥祥記》大同小異，或略有異同，相信雙方關係密切。而慧皎弟子王曼穎在齊、梁間撰成《補續冥祥記》一卷，擺明了係依王琰的旨趣或體例，補《冥祥記》之所遺與未見者。

唐高宗永徽年間，吏部尚書唐臨撰《冥報記》二卷；龍朔中，郎餘令撰《冥報拾遺》二卷。他們記錄聞見，具陳所受緣由，藉以徵明善惡因果，勸戒將來，動機、內容與《冥祥記》十分接近。難怪唐臨在《冥報記·序》裡特別要點明《冥祥記》等書的旨趣了。

到高宗總章元年（六六八年），長安西明寺沙門釋道世（玄惲）編撰《法苑珠林》，總共引用《冥祥記》一二〇則（含自序及重出兩則），做爲每個單元卷末「感應緣」的重要例證。北宋太平興國年間，李昉等編《太平廣記》，引錄《冥祥記》三十九則，另外二十二條，注云：「出《法苑珠林》」，其實也是《冥祥記》原文。這是流傳極廣的兩部大型類書，其影響力不容忽視。

另一方面，唐、宋以下的應驗錄、勸善書之類著作，也都是《冥祥記》的宣揚傳播者。唐道宣《神州三寶感通錄》、懷信《釋門自鏡錄》、陳子良注《辯正論》、宋非濁《感應要略錄》，各引用《冥祥記》多次。唐慧詳集《法華經傳記》、宋宗曉編《法華經顯應錄》、明了因錄《法華靈驗傳》、淸周克復纂《法華經持驗記》，轉錄《冥祥記》原文，少至一次，多者八、九次。至如清周克復集《觀音經持驗紀》、弘贊編《觀音慈林集》，各引《冥祥記》二十餘條，眞可謂洋洋大觀。宋李昌齡撰《樂善樂》卷四，引錄《冥祥記·王淮之》，還添加了一些議論；明成祖仁孝皇后《勸善書》，引《冥祥記》故事五則，未注出處，相信轉錄自《太平廣記》。

除了比較具體可考的部份，我們可依據現有文獻來提出加以印證。《冥祥記》在藝術形式方面對後代小說創作所產生的影響，以至於其與同時代僧人的『唱導』之間的互動關係，眞相到底如何，則又是値得吾人深入探討論證的新課題了。㊾

捌、結　語

王琰在南朝齊、梁之際所撰成的《冥祥記》，大量吸收了前代載籍，諸如：牟子《理惑論》、《四十章經·序》、《趙泰傳》、《光世音應驗記》、《幽明錄》、《宣驗記》、《異苑》、《靈鬼志》、《續觀世音應驗記》等有關佛像瑞應、塔寺顯效、僧尼異跡、冥界遊行、輪迴轉世之故事，並加入部份個人見聞，既能直接反映晉、宋、齊時代的佛教信仰，同時也間接提供了不少政治、社會、語言、文學等各種史料，堪稱意義重大。至於文字簡潔，情節新鮮奇特，除了濃厚的宗教氣息之外，同時讓讀者感受到文學興味，也是値得大書特書的。

〔附註〕

①詳細情況，參見拙著《魏晉南北朝志怪小說研究》（台北文史哲出版社，一九八四年七月），下篇：群書叙錄。

②據近代學者考證，魯迅（周樹人）編輯《古小說鉤沈》，約始於宣統元年（一九〇九年）六月，至宣統三年底完成。說見戴望舒〈古小說鉤沈校輯之時代和逸序〉，載《小說戲曲論集》（北京，作家出版社，一九五八年二月）；林辰〈古小說鉤沈的輯錄年代及所收各書作者〉，《文學遺產選集》第三輯，一九六〇年五月。

③參見本文「第三節：作品流傳概況」所引錄相關文獻。

④唐釋道宣《三寶感通錄》卷三、釋道世《法苑珠林》卷十四、十七引，今輯入《古小說鉤沈·冥祥記》卷首。

⑤唐韋絢《劉賓客嘉話錄》：「（武）后嘗御武成殿閱書畫，問（王）方慶曰：『卿家舊法書帖乎？』方慶遂進自右軍已下至僧虔、智永禪師等二十五人各書帖一卷。命崔融作序，謂之《寶章集》，亦曰《王氏世寶》。」（原文又載李綽《尙書故實》）此事發生於則天武后萬歲通天二年（六九七年），世稱《萬歲通天進帖》。原帖已亡失，遼寧省博物館收藏有模本。

⑤王僧虔〈太子舍人帖〉云：「太子舍人王琰牒：在職三載，家貧，仰希江、郢所統小郡。謹牒。七月二十四日。臣王僧虔啓。」按《南齊書》卷三〈武帝本紀〉、卷卅三〈王僧虔傳〉，王僧虔於齊高帝建元元年（四七九年）多遷持節、都督湘州諸軍事、征南將軍、湘州刺史；四年九月再遷左光祿大夫、開府儀同三司。然則，王琰上牒，必定在此數年之中。

⑦齊司徒從事中郎陸杲於和帝中興元年（五〇一年）撰《繫觀世音應驗記》，其第四十條〈彭子喬〉云：「義安太守太原王琰，杲有舊，作《冥祥記》……。」

⑧《隋書經籍志》史部古史：《宋春秋》二十卷，梁吳興令王琰撰。

⑨分別見《隋書·經籍志》史部古史類、雜傳類著錄。

⑩民國六十五年十一月，台北，鼎文書局影印，頁一四二一。

⑪范縝一生曾兩次大規模與人進行神滅論的辯爭。第一次在竟陵王時代，時爲齊武帝永明七年。范縝的「盛稱無佛」、「不信因果」，並與王融辯論神滅的主張，在這一年因爲碰到其業師劉瓛遇疾，營齋；及病卒，門人受學者並弔服臨送的場合而導致爭論白熱化；豪門太原王琰著論譏縝，即在此時。第二次則在梁武帝時代，以王公朝貴爲對手，展開了大規模的神滅論戰。相關論證，參見侯外廬等著《中國思想通史》〔第二卷〕（北京人民出版社，一九五七年五月），頁三七三～八一。

⑫一九九四年，北京，中華書局，頁十九。

⑬一九九二年，北京，中華書局，頁五二四。

⑭民國七十二年一月，台北，新文豐出版公司影印《大藏經》，第五二冊，頁四八五。

⑮民國六十二年十一月，台北，世界書局影印，頁六〇。

⑯一九九二年三月，北京，中華書局，頁二。

⑰同⑭，第五三冊，頁一〇二二。

⑱民國六十五年十月，台北，鼎文書局影印，頁二〇〇五。

⑲民國六十五年十月，台北，鼎文書局影印，頁一五四〇。

⑳按：宋鄭樵《通志·藝文略》傳記類、明焦竑《國史經籍志》卷三史類傳記之屬，並著錄《冥祥記》十卷，王琰撰。兩種書目均係轉抄前代各種目錄而成，非實際藏書之清單，不足爲憑。

㉑清姚振宗《隋書經籍志》、今人李劍國《唐前志怪小說史》（天津南開出版社，一九八四年五月）皆主此說。詳見李氏書，頁四一九。

㉒王曼穎於史無傳。慧皎《高僧傳》末附王氏致慧皎書，相與商榷義例，自稱「弟子」。《梁書》卷二二〈南平王偉傳〉云：「太原王曼穎卒，家貧無以殯殮。友人江革往哭之，其妻兒對革號訴。革曰：『建安王當知，必爲營理。』言未訖而偉使至，給其喪事，得周濟焉。」按：蕭偉於天監元年封建安王，十七年改封南平王，似乎王曼穎卒於天監十七年之前。唯其時慧皎方二十餘歲，恐未動筆撰寫《高僧傳》，更不可能將全稿交示在家弟子王曼穎通讀，並提供意見。其間矛盾，尙待進一步詳考。相關討論，可參看李劍國《唐前志怪小說史》，頁四一九～四二〇。

㉓道宣編《法苑珠林》時，所根據的《冥祥記》曾有《冤魂志》（《還冤志》）的篇章竄入。上述十九則，經仔細考證比對，實在都屬於《冤魂志》。說詳拙撰《顏之推冤魂志研究》（台北文史哲出版社，一九九五年六月），頁九～十六。

㉔以上四則，清楊守敬《日本訪書志》卷八〈冥報記輯本目錄〉並輯入卷一，岑仲勉〈唐唐臨冥報記之復原〉（《歷史語言研究所集刊》第十七本，一九四八年四月）、方詩銘〈楊輯冥報記佚文辨僞〉（北京中華書局，一九九二年三月，方詩銘輯校《冥報記》附錄一）、李劍國《唐五代志怪傳奇叙錄》（天津南開大學出版社，一九九三年十二月），頁一九九〈冥報記叙錄〉，均曾加以考辨，可以參考。

㉕按：業，梵語羯磨（karman）的意譯。佛教謂業由身、口、心三處發動，分別稱曰身業、口業、意業。業分善、不善、非善非不善三種。一般偏指不善（惡）業——孽，它決定在六道中的生死輪迴。

㉖同註⑭，頁五三七。

㉗同註⑭，第十二冊，《大般涅槃經後分》卷上，頁九〇一。

㉘轉引自丁福保編，《佛學大辭典》（民國七十一年十月，台北，天華出版事業公司影印），頁九九〇。

㉙台北，商務印書館，《四部叢刊初編・周易》，頁三～四。

㉚台北，商務印書館，《四部叢刊初編·墨子》，頁六上。

㉛參考劉慧，《泰山宗教研究》（一九九四年四月，北京，文物出版社），頁一二一～一二八。

㉜參考蕭登福，《漢魏六朝佛道兩教之天堂地獄說》（民國七十八年，台北，台灣學生書局），上編，第一章〈漢魏六朝佛教「天堂說」〉。

㉝參閱前野直彬著、前田一惠譯，〈冥界遊行〉，《中國古典小說研究專集》四，頁二四～四三。

㉞六朝士人以儒爲『名教』，以佛爲『像教』，爲其徒拜佛像故也。說詳《全宋文》卷六三，釋道高〈答李交州淼難佛不見形〉。

㉟同註⑫，頁三四。

㊱同註⑬，頁三七二～七三。

㊲同註⑱，頁二四八二。

㊳原罪乃基督教重要教義之一。人類的始祖亞當和夏娃在伊甸園中，因受了蛇的誘惑，違背上帝命令，吃了禁果。這一罪過成了整個人類的原始罪過。此罪一直傳至所有後代，爲此需要耶穌基督的救贖。

㊴同註⑭，第五十冊，頁九三六。

㊵參見釋僧祐，《出三藏記集》（一九九五年十一月，北京，中華書局），頁四八八。

㊶宋李昉編，《太平廣記》（一九六一年九月，北京，人民出版社），頁六七三～七四。

㊷同註⑭，第五三冊，頁三一六～一七。
㊸同註⑬。
㊹參考孫昌武，〈六朝小說中的觀音信仰〉，《佛教文學與藝術學術研討會論文集》（民國八十七年十二月，台北，法鼓文化出版社），頁二〇一～二二八。
㊺魯迅，《古小說鉤沈》（民國六十六年，台北，盤庚出版社影印），頁八二。
㊻同註⑱，頁二一〇八。
㊼民國六十九年五月，台北，文海出版社影印本，頁七四九。
㊽參考曹道衡，〈論王琰和他的『冥祥記』〉，《文學遺產》一九九二年一期，頁三二～三三。
㊾參考朱慶之，《佛典與中古漢語詞彙研究》（民國八十一年七月，台北，文津出版社），頁一。
㊿參考江藍生，《魏晉南北朝小說詞語匯釋》（一九八八年五月，北京，語文出版社），頁二七五～七六。
51同註㊺，頁二〇二。
52同註㊿，頁二三。
53民國七十五年三月，台北，商務印書館影印《文淵閣四庫全書》，第八六三冊，頁六九四。
54同註㊽。

下編　輯佚校釋

凡例

一、本編係以臺北新文豐出版公司影印日本《大正藏》本《法苑珠林》、北京中華書局印行王紹楹點校《太平廣記》、臺灣商務印書館影印宋刊《太平御覽》所引《冥祥記》遺文爲主，略依魯迅輯《古小說鉤沈·冥祥記》之排序，再參照各相關典籍，做爲校訂補充的根據。

一、諸書引文足以訂正底本之誤者，則多加採摭；若底本不誤而他書反誤者，概未錄入；倘文字有異，而義可兩通，則酌予徵引；其文字闕脫，經改訂增補者，則加〔〕號以資識別。

一、本書所叙及人、事、地、物極夥，今雖勤加翻檢載籍，而無從考索者不在少數，只能暫時存疑。

一、罕見生僻字詞，或未能尋得舊籍之有關釋說，暫付闕如；疑惑難明之處，僅就個人所知略加詮解，避免繁瑣。

自序

琰稚年在交阯①，彼土有賢法師②，道德僧也。見授五戒③，以觀世音金像一軀，見與供養；形製異今，又非甚古，類元嘉④中作。鎔鑄殊工，似有眞好，琰奉以還都。時年在齠齔，與二弟常盡勤至，專精不倦。後治改弊廬，無屋安設，寄京師南澗寺⑤中。于時百姓競鑄錢，亦有盜毀金像以充鑄者。時像在寺，已經數月。琰晝寢，夢見立于座隅；意甚異之。時日已暮，即馳迎還。其夕，南澗十餘軀像，悉遇盜亡。其後久之，像於曛暮間放光，顯照三尺許地，金輝秀起，煥⑥然奪目。琰兄弟及僕役同睹者十餘人。于時幼小，不即題記；比加撰錄，忘其日月；是宋大明七年⑦秋也。至泰始⑧末，琰移居烏衣⑨，周旋僧⑩以此像權寓多寶寺⑪。琰時暫游江都，此僧仍適荆楚；不知像處，垂將十載。常恐神寶，與因俱絕。宋升明⑫末，游蹟峽表，經過江陵，見此沙門，廼知像所。其年，琰還京師，即造多寶寺訪焉。寺主愛公⑬，云無此寄像。琰退慮此僧孟浪，將遂失此像，深以惆悵。其夜，夢人見語云：「像在多寶，愛公忘耳，當爲得之。」見將至寺，此人手自開殿，見像在殿之東衆小像中，的的⑭分明。詰旦造寺，具以所夢請愛公。愛公乃爲開殿，果見此像在殿之東，如夢所睹，遂得像還。時建元元年⑮七月十三日也。像今常自供養，庶必永作津梁。循復⑯其事，有感深懷，沿此徵覿，綴成斯記。夫鏡接近情，莫踰儀像；瑞驗之發，多自此興。經云：「鎔斲圖繢類形相者，爰能行動，及放光明。」今西域釋迦、彌勒二像，暉用若眞⑰，蓋得相乎！今華夏景模⑱，神應亟著，亦或當年羣生，因會所感，假馮⑲木石，以見幽異，不必剋由容好，而能然也。故沈石浮深，實闡閩吳之化⑳；塵金瀉液，用紓彭宋之禍㉑。其餘銓示繁方，雖難曲辯；率其大抵㉒，允歸自㉓從。若夫經塔顯效，旨證亦同；事非殊貫，故繼其末。

（《法苑珠林》卷十七）

〔附註〕

①交阯，亦作交趾。漢武帝時爲所置十三刺史部之一，轄境相當今廣東、廣西大部和越南的北部、中部地方。

②賢法師，生平行事未詳，待考。

③五戒，亦作五誡。小乘佛教所說在家信徒終身應遵守的五種戒條：不殺生、不偷盜、不淫邪、不妄語、不飲酒。

④元嘉，宋文帝劉義隆年號，自西元四二四年至四五三年，共三十年。

⑤南澗寺，南朝京師建康所立禪寺之一，其址不詳。

⑥「煥」，《法苑珠林》（以下簡稱《珠林》）卷十四、《集神州三寶感通錄》（以下簡稱《感通錄》）卷中引，並作「映」。

⑦大明，宋孝武帝劉駿年號。七年，當西元四六三年。

⑧泰始，宋明帝劉彧年號，自西元四六五年至四七一年，共七年。

⑨烏衣，指烏衣巷，地在今南京市秦淮河南。三國吳時在此置烏衣營，東晉時王謝等望族居此，因而著聞。

⑩周旋，指相交往、有交情。周旋僧，跟自家有交情往來的僧人。

⑪多寶寺，亦稱北多寶寺，南朝建康佛寺之一。

⑫升明，宋順帝劉準年號，自西元四七七年至四七九年，共三年。

⑬愛公，宋、齊之際，多寶寺住持，生平不詳。

⑭的的，確實。

⑮建元，齊高帝蕭道成年號。元年，當西元四七九年。

⑯「循」，原作「修」，今據《珠林》卷十四、《感通錄》卷中引文校改。按：循、復義同。此謂往還追述也。

⑰「眞」，原作「冥」，今據《珠林》卷十四、《感通錄》卷中校改。

⑱「模」，原作「楷」，今據《珠林》卷十四、《感通錄》卷中校改。

⑲「馮」，《珠林》卷十四、《感通錄》卷中，並作「憑」。按：馮、憑通用。

⑳沈石浮深句，指西晉吳郡二石像浮江故事，參見《珠林》卷十二、卷十三「感應緣」引文。

㉑塵金瀉液句，當指齊彭城宋王寺金像汗出表祥故事，參見《珠林》卷十四「感應緣」引文。

㉒「抵」，原作「哲」，今據《珠林》卷十四、《感通錄》卷中校改。

㉓「目」，《珠林》卷十四作「自」；《感通錄》卷中作「日」。唯《大藏經·感通錄》校勘記云：「日＝目宋」，亦即南宋思溪藏本仍作「目」也。

本文

1. 漢明帝①夢見神人，形垂二丈，身黃金色，項佩日光。以問羣臣。或對曰：「西方有神，其號曰佛②，形如陛下所夢，得無是乎？」於是發使天竺，寫致經像，表之中夏。自天子王侯，咸敬事之。聞人死精神不滅，莫不懼然自失。初使者蔡愔③將西域沙門迦葉摩騰等④齎優塡王⑤畫釋迦佛像；帝重之，如夢所見也。乃遣畫工圖之數本，於南宮清涼臺及高陽門、顯節壽陵⑥上供養。又於白馬寺⑦壁，畫千乘萬騎遶塔三帀⑧之像，如諸傳備載。（《法苑珠林》卷十三）

①漢明帝劉莊，光武帝劉秀之四子，西元五七年至七五年在位。

②佛，佛陀(buddha)的略稱。謂能以廣大無邊的智慧與慈悲，化導衆生者。在此特指釋迦牟尼佛。

③蔡愔，後漢人，官郎中。明帝時奉命至大月氏，與西域高僧共攜佛像及經典以歸。事載《後漢紀》卷十、《四十二章經·序》、《理惑論》、《高僧傳》、《魏書·釋老志》諸書。

④迦葉摩騰等，指中天竺僧侶迦葉（攝）摩騰與竺法蘭二人。

⑤優塡王，Udayana 之音譯。《大唐西域記》卷五：「鄔陀衍那王，唐言出愛。舊云：優塡王，訛

也。」

⑥顯節壽陵，漢明帝於永平十四年（西元七一年）下詔修築，位於洛河南，即今河南偃師縣境大口、高龍一帶。

⑦白馬寺，在河南省洛陽市東郊。傳爲東漢明帝永平十一年建，佛教在中國最早的寺院。

⑧市，通作匝，量詞，猶言周、圈。

2.漢①濟陰②丁承，字德愼。建安中③爲凝陰④令。時北界居民婦，詣外井汲水。有胡人長鼻深目，左⑤過井上，從婦人乞飲。飲訖，忽然不見。婦則腹痛，遂加轉劇，啼呼。有頃，卒然起坐，胡語指麾。邑中有數十家，悉共觀視。婦呼索紙筆來，欲作書。得筆，便作胡書：橫行，或如乙，或如巳。滿五紙，投著地，教人讀此書。邑中無能讀者。有一小兒，十餘歲，婦即指此小兒能讀。小兒得書，便胡語讀之，觀者驚愕，不知何謂⑥。婦叫小兒起舞。小兒即起，翹足，以手抃⑦相和。須臾各休。即以白德愼。德愼召見婦及兒，問之，云：當時忽忽⑧，不自覺知。德愼欲驗其事，即遣吏齎書詣許下⑨寺，以示舊胡⑩。胡大驚，言：「佛經中閒亡失，道遠，憂不能得。雖口誦，不具足⑪。此乃本書。」遂留寫之。（《法苑珠林》卷十八）

①「漢」，原作「晉」，今據下文及《出三藏記集》卷五校改。

②濟陰，郡名。在今山東省定陶縣。

③建安，漢獻帝劉協年號。自西元一九六年至二一九年，共廿四年。按：本處魯迅《古小說鉤沈·冥詳記》案語云：「晉紀元無建安，疑當是建元。」今不從。

④凝陰，未詳，待考。「凝」疑爲「潁」之誤。按：潁陰縣，漢置，河南省許昌縣治。

⑤左，旁側。

⑥何謂，何爲，爲什麼。

⑦抃，鼓掌，拍手。

⑧忽忽，恍惚，迷糊。

⑨許下，指許（今河南省許昌市）。後漢建安元年，曹操迎獻帝都此地。

⑩舊胡，久居中國之胡人。

⑪具足，完備充足。

3.晉羊太傅祜，字叔子，泰山①人也。西晉名臣，聲冠區夏②。年五歲時，嘗令乳母取先所弄指環。乳母曰：「汝本無此，於何取耶？」祜曰：「昔於東垣邊弄之，落桑樹中。」乳母曰：「汝可自覓。」祜曰：「此非先宅，兒不知處。」後因出門游望，逕而東行。乳母隨之。至李氏家，乃入至東垣樹中，探得小環。李家驚悵曰：「吾子昔有此環，常愛弄之。七歲暴亡。亡後不知環處。此亡兒之物也，云何③持去？」祜持環走，李氏遂問之。乳母既說祜言。李氏悲喜，遂欲求祜，還爲其兒。里中解喻，然後得止。祜年長，常患頭風。醫欲攻治。祜曰：「吾生三日時，頭首④背戶，覺風吹頂，意其患之，但不能語耳。病源既久，不可治也。」祜後爲荊州都督，鎮襄陽，經給武當寺⑤殊餘精舍。或問其故，祜默然。後因懺悔，叙說因果，乃曰：「前身承有諸罪，賴造此寺，故獲申濟，所以使供養之情偏殷勤⑥重也。」（《法苑珠林》卷二六）

①《晉書》卷卅四〈羊祜傳〉云泰山南城人。按：其地在今山東省費縣西南。

②區夏，諸夏之地，指華夏、中國。

③云何，如何。

④首，向，朝著。

⑤「寺」，《佛祖統紀》卷卅六、卷五二，並作「山」。按：武當山，一名太和山，在湖北省均縣南，爲大巴山北脈。地處襄陽左近。

⑥殷勤，急切，頻繁之意。

4.晉沙門仕行①者，潁川人也。姓朱氏。氣志方遠，識宇沈正，循②心直詣，榮辱不能動焉。時經典未備，唯有小品③，而章句闕略，義致弗顯。魏甘露五年④，發迹雍州，西至于闐⑤，尋求經藏。踰歷諸國。西域僧徒，多小乘學，聞仕行求《方等》諸經⑥，咸駭怪不與。曰：「邊人不識正法，將多惑亂。」仕行曰：「經云：千載將末，法當東流。若疑非佛說，請以至誠驗之。」乃焚柴灌油。煙炎方盛，仕行捧經涕淚，稽顙誓曰：「若果出金口，應宣布漢地。諸佛菩薩，宜為證明。」於是投經火中，騰燎移景。既而一積煨盡，文字無毀，皮牒若故。舉國欣敬。因留供養。遣弟子法饒⑦齎送梵本，還至陳留浚儀、倉垣諸寺⑧。出之，凡九十篇，二十萬⑨言。河南居士竺叔蘭⑩練解方俗，深善法味，親共傳譯，今《放光》⑪首品是也。仕行八十乃亡，依闍維⑫之火滅。經日屍形猶全。國人驚異，皆曰：「若眞得道法，當毀壞。」應聲碎散。乃斂骨起塔。慧志道人⑬先師相傳，釋公⑭亦具載其事也。（《法苑珠林》卷二八）

①「仕」，《出三藏記集》卷十三、《高僧傳》卷四、《歷代三寶記》（以下簡稱《三寶記》）卷六、《感通錄》卷下，並作「士」。

②「循」，《大藏經·法苑珠林》校勘記云：「循＝㊂(宮)」。亦即宋、元、明三本暨宮內省圖書寮藏舊宋本《大藏經》，並作「修」。

③小品，佛家語。其經典翻譯，詳者曰大品，略者曰小品。此指竺佛調所譯《道行經》。

④甘露，魏高貴鄉公曹髦年號。五年，當西元二六〇年。

⑤于闐，亦作于寘，西域諸國之一，在今新疆和田一帶。

⑥《方等》諸經，屬於方等部的一切經典，亦指一切的大乘經。

⑦法饒，《出三藏記集》、《高僧傳》，並謂其原名不如檀，晉言法饒。

⑧「陳留」句，《出三藏記集》、《高僧傳》，並作「陳留倉垣水南寺」。按：浚儀，在河南開封縣西北；倉垣，在陳留縣西。二縣並近開封。

⑨「二十萬」，《出三藏記集》卷七引佚名〈放光經記〉云「二十萬七千六百二十一」。

⑩竺叔蘭，居士，本天竺人，父世避難，居於河南。《出三藏記集》卷十三有傳。

⑪《放光》，《放光般若波羅蜜多經》之略名，與《大般若》第二分同本。

⑫闍維，梵語Jhapeta之譯音，僧人死後焚化其尸骸。

⑬慧志道人，生平不詳，待考。

⑭釋公，未詳，待考。

5.晉趙泰，字文和，清河貝丘①人也。祖父京兆太守。泰，郡舉孝廉；公府辟，不就。精思典籍，有譽鄉里。當晚乃膺仕，終於中散大夫。泰年三十五時，嘗卒②心痛，須臾而死。下屍於地，心煖不已，屈伸隨人。留屍十日。平旦③喉中有聲如雨。俄而蘇活。說：初死之時，夢有一人，來近心下。復有二人，乘黃馬。從者二人，夾扶泰腋。徑將東行，不知可幾里。至一大城，崔崒④高峻。城邑青黑，狀錫。將泰向城門入。經兩重門。有瓦屋可數千間，男女大小，亦數千人，行列而立。吏著皁衣，有五六人，條疏姓字，云：當以科呈⑤府君。泰名在三十。須臾，將泰與數千人男女，一時俱進。府君西向坐，簡⑥視名簿訖，復遣泰南入黑門。有人著絳衣，坐大屋下，以次呼名，問生時所事：「作何罪？行何福善？諦汝等辭以實言也。此恆遣六部⑦使者，常在人間，疏記善惡，具有條狀。不可得虛。」泰答：「父兄仕宦，皆二千石。我少在家，修學而已，無所事也，亦不犯惡。」乃遣泰爲水官⑧監作使，將二千餘人運沙裨岸。晝夜勤苦。後轉泰水官都督，知諸獄事。給泰馬兵，令案行地獄。所至諸獄，楚毒各殊。或針貫其舌，流血竟體。或被頭露髮，裸形徒跣，相牽而行。有持大杖，從後催促。鐵牀銅柱，燒之洞然；驅迫此人，抱臥其上。赴即焦爛，尋復還生。或炎爐巨鑊，焚煮罪人。身首碎墮，隨沸翻轉。有鬼持叉，倚于其側。有三四百人，立于一面，次當入鑊，相抱悲泣。或劍樹高廣⑨，不知限極。根莖枝葉，皆劍爲之。人衆相訾，自登自攀，若有欣競。而身首割截，尺寸離斷。泰見祖父母及二弟，在此獄中。相見涕泣。泰出獄門，見有二人齎文書來，語獄吏言：「有三人，其家爲其於塔寺中縣旛燒香，救解其罪，可出福舍。」俄見三人，自獄而出，已有自然⑩衣服，完整在身。南詣一門，云名『開光大舍』，有三重門，朱采照發。見此三人，即入舍中。泰亦隨入。前有大殿，珍寶周飾，精光耀目。金玉爲牀。見一神人，姿容偉異，殊好非常，坐此座⑪上。邊有沙門立侍，甚衆。見府君來，恭敬作禮。泰問：「此是何人，府君致敬？」吏曰：「號名世尊⑫，度人之師。」有頃令惡道⑬中人皆出聽經。時云有百萬九千人，皆出地獄，入百里城。在此到者，奉法衆生也。行雖虧殆，尚當得度，故開經法。七日之中，隨本所作善惡多少，差次免脫。泰未出之頃，已見十人，升虛而去。出此舍，復見一城，方二百餘里，名爲『受變形城』。地獄考治已畢者，當於此城，更受變報。泰入其城，見有土瓦屋數千區，各有坊巷。正中有瓦屋高壯，欄檻采飾。有數百局吏，對校文書云：「殺生者，當作蜉蝣，朝生暮死；劫盜者，當作豬羊，受人屠割；婬泆者，作鵠鶩麞麋；兩舌⑭者，作鴟梟鵂鶹；捍債者，爲驢騾牛馬。」泰案行畢，還水官處。主者語泰：「卿是長者子，以何罪過，而來在此？」泰答：「祖父兄弟，皆二千石。我舉孝廉⑮，公府辟，不行。修志念善，不染衆惡。」主者曰：「卿無罪過，故相使爲水官都督。不爾，與地獄中人無以異也。」泰問主者曰：「人有何行，死得樂報？」主者唯言：「奉法弟子精進持戒，得樂報，無有謫罰也。」泰復問曰：「人未事法時，所行罪過，事法之後，得以除不？」答曰：「皆除也。」語畢，主者開縢篋，檢泰年紀，尚有餘算二十年在。乃遣泰還。臨別，主者曰：「已見地獄罪報如是，當告世人，皆令作善。善惡隨人，其猶影響，可不慎乎？」時親表內外⑯候視泰者，五六十人，同聞泰說。泰自書記，以示時人。時晉太始五年⑰七月十三日也。乃爲祖父母二弟延請僧衆，大設福會。皆命子孫，改意奉法，課勸精進。時⑱人聞泰死而復生，多見罪福，互來訪問。時有太中大夫武城⑲孫豐、關內侯常山⑳郝伯平㉑等十人，同集泰舍，款曲㉒尋問，莫不懼然，皆即奉法也。

（《法苑珠林》卷七）

①貝丘，縣名。在今河北省清河縣附近。

②卒，通作猝，突然。

③「平旦」，《太平廣記》（以下簡稱《廣記》）卷三七七作「忽然」。

④崔崒，高峻的樣子。

⑤科呈，查核呈報。

⑥「簡」，《廣記》引作「閱」。

⑦六部，六部伍，六梯隊。

⑧水官，水正。《珠林》卷十二云地獄有五官，二者水官，禁盜，與本處情節不符。此或受道教三官信仰之影響。按《三官應感妙經》云：「下元水官，部四十二曹，主管江河淮海，水域萬靈，掌死魂鬼神之籍，錄衆生功過之條。」

⑨「廣」字，依《廣記》引文增補。

⑩自然，天然。

⑪據《廣記》卷一〇九引《幽明錄》，此座實指師子座，係釋迦牟尼的坐席。

⑫世尊，佛陀的尊稱。隋慧遠《無量壽經義疏》卷上：「佛備衆德，爲世欽仰，故號世尊。」

⑬惡道，佛家以地獄、餓鬼、畜生爲三惡道。此殆專指地獄。

⑭兩舌，播弄是非，挑撥離間。

⑮「孝廉」，原作「考」，今據《廣記》引文校改。

⑯內外，指同姓和外姓的親戚。

⑰太始，宜作泰始，西晉武帝司馬炎年號。五年，當西元二六九年。

⑱「時」，《廣記》作「士」。

⑲武城，縣名。今山東武城縣。

⑳常山，郡名，西晉治眞定（今河北正定縣南）。

㉑孫豐。郝伯平，二人生平欠詳，待考。

㉒款曲，詳情，內情。

6.晉沙門支法衡，晉初人也。得病旬日①亡。經三日而蘇活。說：死時，有人將去，見如官曹舍者數處，不肯受之。俄見有鐵輪，輪上有鐵爪，從西轉來；無持引者，而轉駛如風。有一吏呼罪人當輪立；輪轉來轢之，翻還；如此數②，人碎爛。吏呼衡：「道人來，當輪立。」衡恐怖自責：「悔不精進，今當此輪乎？」語畢，〔吏〕③謂衡曰：「道人可去！」於是仰首，見天有孔，不覺倏爾上昇。以頭穿中，兩手搏兩邊，四向顧視，見七寶宮殿，及諸天人。衡甚踊躍，不能得上；疲而復還下所。將衡去人笑曰：「見何等物，不能上乎？」乃以衡付船官。船官行船，使爲柂④工。衡曰：「我不能持柂。」強之。有船數百，皆隨衡後。衡不曉捉柂，蹌沙洲上。吏司推衡：「汝道而失，以法應斬。」引衡上岸，雷鼓將斬。忽有五色二龍，推船還浮。吏乃原衡罪。載衡北行三十許里，見好村岸，有數萬家，云是流人。衡竊上岸。邨中饒狗，互⑤欲齧之。衡大恐懼。望見西北有講堂，上有沙門甚衆，聞經唄之聲。衡遽走趣⑥之。堂有十二階。衡始躡一階，見亡師法柱⑦踞胡床⑧坐。見衡曰：「我弟子也，何以⑨

而來？」因起臨階，以手巾打衡面，曰：「莫來！」衡甚欲上，復舉步登階。杜復推令下。至三乃止。見平地有井一口，深三四丈，塼無隙際。衡心念言：「此井自然。」井邊有人謂曰：「不自然者，何得成井？」雖⑩見法柱，故倚望之，謂衡：「可復道還去，狗不齧汝！」衡還水邊，亦不見向來船也。衡渴欲飲水，乃墮水中，因便得蘇。於是出家，持戒菜食。晝夜精思，爲至行沙門。比丘法橋⑪，衡弟子也。（《法苑珠林》卷七）

①「日」，《釋門自鏡錄》（以下簡稱《自鏡錄》）卷上作「餘」。

②數，屢次。

③「吏」字，據《自鏡錄》卷上、《廣記》卷三八二增補。

④柂，船舵。

⑤「互」，《大藏經·珠林》校勘記作「牙」。按：原本當作「　」，即互之俗字。《自鏡錄》卷上作「爭」。

⑥趣，赴，前往。

⑦法柱，生平不詳，待考。

⑧胡床，一名交床，一種輕便的折疊坐具。

⑨以，緣故，原因。

⑩「雖」，《大藏經·珠林》校勘記作「唯」。

⑪法橋，生平欠詳，待考。

7.晉安羅江縣①，有霍山②，其高蔽日。上有石杅③，面徑數丈。杅中泉水，深五六尺，經常流溢。古老傳云：列仙之所游餌也。有沙門釋僧群，隱居其山，常飲此水，遂以不飢，因而絕粒。晉安太守陶夔④，聞而求之。群以水遺陶，出山輒臭。陶於是越海造山。于時天景澄朗。陶踐山足，便風雨晦暝。如此者三，竟不得至。群所栖策，與泉隔一澗。旦夕往還，以一木爲梁。後旦將渡，輒見一折翅鴨，舒翼當梁頭逆唼；僧群永不得過。欲舉錫撥之，恐其墜死。於此絕水，俄而飢卒。時傳云年百四十。群之將死，爲衆說云：「年少時嘗打折一鴨翅，將或此鴨因緣⑤之報乎？」（《法苑珠林》卷六三）

①《晉書·地理志》揚州晉安郡統縣，在侯官、晉安間有羅江。

②霍山，未詳，疑是霍童山。按《太平寰宇記》（以下簡稱《寰宇記》）卷一〇〇『福州長溪縣』云：「霍童山在縣西二百五十里，高七里，岡甚遠。……《閩中記》云：「山下湧泉，味甘如

蜜，云是列僊霍童遊處。」」

③「杅」，《高僧傳》卷十二、《自鏡錄》卷下，並作「盂」。按：杅、盂通用，盛湯漿器皿。

④陶夔，陶淵明之從叔，事蹟稍晦。《寰宇記》卷一〇〇『福州永泰縣』下錄有太守陶夔〈高蓋山記〉。

⑤佛教謂使事物生起、變化和壞滅的主要條件爲因，輔助條件爲緣。《翻譯名義集·釋十二支》：「前緣相生，因也；現相助成，緣也。」

8.晉沙門耆域者，天竺人也。自西域浮海而來，將游關洛，達舊襄陽，欲寄載船北渡。船人見梵沙門衣服弊陋，輕而不載。比船達北岸，耆域亦上。舉船皆驚。域前行，有兩虎迎之，弭耳①掉尾，域手摩其頭，虎便入草。於是南北岸奔往請問，域日無所應答。及去，有數百人追之；見域徐行，而衆走猶不及。惠帝末②，域至洛陽。洛陽道士③悉往禮焉。域不爲起。譯語譏其服章④曰：「汝曹分流⑤佛法，不以眞誠，但爲浮華，求供養耳。」見洛陽宮，曰：「忉利天⑥宮，髣髴似此。⑦當以道力成就，而生死力爲之，不亦勤苦乎！」沙門支法淵、竺法興⑧，並少年，後至。域爲起立。法淵作禮訖，域以手摩其頭曰：「好菩薩，羊中來。」見法興入門，域大欣笑，往迎作禮。

捉法興手，舉著頭上曰：「好菩薩，從天人⑨中來！」尙方⑩中有一人，廢病數年，垂死。域往視之，謂曰：「何以墮落，生此憂苦？」下病人於地，臥單席⑪上，以應器⑫置腹上，紵布覆之。梵唄三偈訖，爲梵咒可數千語。尋有臭氣滿屋。病人曰：「活矣。」域令人舉布，見應器中如汙泥，苦病⑬人遂瘥。長沙太守滕永文⑭，先頗精進。時在洛陽，兩腳風攣經年。域爲呪，應時得申，數日起行。滿水寺⑮中有思惟樹⑯，先枯死。域向之呪，旬日，樹還生茂。時寺中有竺法行⑰，善談論，時以比樂令⑱。見域，稽首曰：「已見得道證，願當稟法。」域曰：「守口攝意身莫犯，如是行者度世去。」⑲法行曰：「得道者當授所未聞。斯言，八歲沙彌亦以之誦，非所望於得道者。」域笑曰：「如子之言，八歲而致誦，百歲不能行。人皆知敬得道者，不知行之即自得。以我觀之易耳。妙當在君，豈愊未聞？」京師貴賤，贈遺衣物，以數千億萬，悉受之。臨去，封而留之，唯作旛八百枚，以駱駝負之，先遣隨估客西歸天竺。又持法興一納袈裟隨身。謂法興曰：「此地方⑳大爲造新之罪，可哀如何？」域發，送者數千人。於洛陽寺中中食㉑訖，取道。人有其日發長安來，見域在長安寺中。又域所遣估客及駱駝奴達燉煌河上，逢估客弟於天竺來，云近燉煌寺中見域。弟子濕登㉒者云：於流沙北逢域，言語款曲。計其旬日，又域發洛陽時也。而其所行，

蓋已萬里矣。（《法苑珠林》卷二八）

①弭耳，猶帖耳，形容馴服、安順的樣子。
②晉惠帝司馬衷，在位前後十七年（西元二九〇年—三〇六年）。末年，發生五胡亂華事。
③道士，有道之士，此指釋氏門徒、僧侶。
④服章，泛指服飾、衣冠。
⑤分流，傳布，傳播。
⑥忉利天，梵語Trāyastrimśa 的音意兼譯，即三十三天（六欲天之一）。亦即一般所說的天堂。
⑦「髣髴似此」下，《感通錄》卷下另有「上有千二百作具，本是天匠」一句。
⑧支法淵、竺法興二人，附見《高僧傳·于法蘭傳》云：「興以洽見知名，淵以才華著稱。」
⑨「天人」，《高僧傳》卷九作「人」，《感通錄》下作「天」。按：天人，謂六道中的天、人二道，亦通。
⑩尚方，古代製造帝王所用器物的官署。
⑪單席，一重坐席。
⑫應器，佛教語，比丘量腹而食的乞食器。
⑬苦病，疾病，病痛。
⑭滕永文，《高僧傳》云南陽人。西晉末杜弢反，曾應和之，見《晉書》卷一〇〇〈杜弢傳〉，餘

未詳。

⑮滿水寺，洛陽寺院之一，其詳待考。

⑯思惟樹，菩提樹的別名，又稱貝多。相傳釋迦牟尼在菩提樹下沈思坐化成佛，故稱。

⑰竺法行，洛中特出僧人，以善談論著名。生平附見《高僧傳·耆域傳》。

⑱樂令，指尙書令樂廣（字彥輔），性沖約，有遠識，尤善談論，《晉書》卷四三有傳。

⑲「守口」一段偈言，《高僧傳》作「守口攝身意，愼莫犯衆惡；修行一切善，如是得度世。」

⑳方，即將。

㉑中時，即齋食。日中而食，因稱中食。

㉑「弟子濕登」，《高僧傳》作「賈客胡濕登」。

9.晉沙門佛調，不知何國人。往來常山①積年。業尙純朴，不表辭飾；時咸以此重之。常山有奉法者兄弟二人，居去寺百里。兄婦病甚篤，載出寺側，以近醫藥。兄旣奉調爲師，朝晝常在寺中，諮詢行道。異日，調忽往其家，弟具問嫂所苦，幷審兄安否？調曰：「病者粗可②，卿兄如常。」調去後，弟亦策馬繼往，言及調旦來。兄驚曰：「和尙旦初③不出寺，汝何容相見？」兄弟爭問調，調笑而不答，咸共異焉。調或獨入深山，一年半歲，齎乾飯數升，還恆有餘。有人嘗隨調山行數十里。天暮大雪，調入石穴虎窟中宿。虎還橫卧窟前。調語曰：「我奪汝居處，有愧如何！」虎弭耳下山。隨者駭懼。調自剋亡期，遠近悉至。乃與訣曰：「天地長久，尚有崩壞；豈況人物，而欲永存？若能盪除三垢④，專心眞淨；形數雖乖，而神會必同。」衆咸涕流。調還房端坐，以衣蒙頭，奄然而終。終後數年，調白衣弟子⑤八人，入西山伐材，忽見調在高巖上，衣服鮮明，姿儀暢悅。皆驚喜作禮問：「和上⑥尚在此耶？」答曰：「吾常自在耳。」具問知故⑦消息，良久乃去。八人便捨事還家，向同法者說，衆無以驗之。共發冢開棺，不見其屍。（《法苑珠林》卷二八）

①「往來常山」，《高僧傳》卷九作「住常山寺」，《感通錄》卷下作「住常山」。按：常山寺，在穀熟縣（今河南商邱縣東南），見《高僧傳·釋慧芬傳》。

②粗可，略微痊癒。可，指病情減輕。

③初，全、都。

④三垢，三毒之異名，貪、瞋、痴。

⑤白衣弟子，俗家弟子。僧徒著緇衣，因稱俗世人爲白衣。

⑥和上，亦作和尚。在印度原係對親教師的通稱，在中國則常指出家修行的男性僧侶。

⑦知故，知交故舊。

10.晉犍陀勒，不知何國人①也。嘗游洛邑，周歷數年。雖敬其風操，而莫能測焉。後語人曰：「盤鵄山②中有古塔寺，若能修建，其福無量。」衆人許之，與俱入山。既至，唯草木深蕪，莫知基朕。勒指示曰：「此是寺基也。」衆試掘之，果得塔下石礎。復示講堂、僧房、井竈。開鑿尋求，皆如其言。於是始疑其異。寺既修，勒爲僧主。去洛百里。每朝至洛邑，赴會聽講竟，輒乞油一鉢，擎之還寺。雖復去來早晚③，未曾失中晡④之期。有人日能行數百里者，欲隨而驗之，乃與俱。此人馳而不及，勒顧笑曰：「汝執吾袈裟，可以不倦。」既持衣後，不及移晷，便已至寺。其人休息，數日乃還，方悟神人。後不知終。（《法苑珠林》卷二八）

①不知何國人，《高僧傳》卷十云：「本西域人。」

②「鵄」，《高僧傳》卷十、《感通錄》卷下，並作「　」。按：鵄、　同字。據《高僧傳》所述，盤鵄山在洛陽東南一百餘里處，其餘不詳。

③早晚，或早或晚。

④中晡，正申時，相當於下午四點鐘。

11.晉抵世常，中山①人也。家道殷富。太康②中，禁晉人作沙門③。世常奉法精進，潛於宅中起立精舍，供養沙門；于法蘭④亦在焉。僧衆來者，無所辭卻。有一比丘，姿形頑陋，衣服塵㪆，跋涉塗濘，來造世常。常出爲作禮，命奴取水，爲其洗足比。丘曰：「世常應自洗我足。」常曰：「年老疲瘵，以奴自代。」比丘不聽。世常竊罵而去。比丘便見神足，變身八尺，顏容瓌偉，飛行而去。世常撫膺悔歎，自撲⑤泥中。時抵家僧尼及行路者五六十人，俱得望視，見在空中數十丈上，了了分明。奇芬異氣，經月不歇。法蘭即名理法師見宗者也。有記在後卷傳⑥。蘭以語於弟子法階⑦，階每說之，道俗多聞。（《法苑珠林》卷二八）

①中山，郡名。今河北定縣。
②太康，晉武帝司馬炎年號，自西元二八〇年至二八九年，共十年。
③沙門，梵語sramana的譯音，或作桑門。原爲古印度反婆羅門教各派出家者的通稱，佛教盛行後乃專指佛教僧侶。
④于法蘭，高陽人，《高僧傳》卷四「義解」科有傳。
⑤自撲，身體自投於地，這是人極度悲痛時的舉動。
⑥「有記」一句，指《冥祥記》另載錄有于法蘭事迹。詳見本書第十五則。

⑦法階，未見僧傳，生平不詳。

12.晉沙門康法朗，學於中山①。永嘉②中，與一比丘西入天竺。行過流沙，千有餘里。見道邊敗壞佛圖③，無復堂殿，蓬蒿沒人。法朗等下拜瞻禮，見有二僧，各居其傍。一人讀經，一人患痢，穢汙盈房。其讀經者，了不④營視。朗等惻然興念，留爲煮粥，掃除浣濯。至六日，病者稍困，注痢如泉。朗等共料理之。其夜，朗等並謂病者必不移旦。至明晨往視，容色光悅，痛狀休然⑤，屋中穢物，皆是華馨。朗等乃悟是得道冥士⑥以試人也。病者曰：「隔房比丘，是我和尙。久得道慧，可往禮覲。」法朗等先嫌讀經沙門無慈愛心；聞已，乃作禮悔過。讀經者曰：「諸君誠契幷至，同當入道。朗公宿學業淺，此世未得願也。」謂朗伴云：「慧此居植根深，當現世得願。」因而留之。法朗後還中山爲大法師，道俗宗之。（《法苑珠林》卷九五）

①中山，郡國名。在今河北省定縣。

②永嘉，晉懷帝司馬熾年號，自西元三〇七年至三一二年，共六年。

③佛圖，佛寺。

④了不，毫不，全不。

⑤「痛狀休然」，《廣記》卷八九作「病狀頓除」。

⑥冥士，猶神人。

13.晉竺長舒者，其先西域人也。世有資貨，爲富人。竺居，晉元康①中內徙洛陽。長舒奉法精至，尤好誦《觀世音經》②。其後鄰比失火。長舒家悉草屋，又正在③下風，自計火已逼近，政復④出物，所全無幾，乃勅家人不得輂物，亦無灌救者。唯至心誦經。有頃，火燒其鄰屋，與長舒隔籬，而風忽自迴，火亦際⑤屋而止。于時咸以爲靈。里中有輕險少年四五人，共毀笑之，云：「風偶自轉，此復何神？伺時燥夕，當爇其屋；能令不然者，可也。」其後天甚旱燥，風起亦駛⑥。少年輩密共束炬，擲其屋上。三擲三滅，乃大驚懼，各走還家。明晨，相率詣長舒家，自說昨事，稽顙辭謝。長舒答曰：「我了無神，政⑦誦念觀世音，當是威靈所祐。諸君但當洗心信向耳。」自是鄰里鄉黨，咸敬異焉。（《法苑珠林》卷二三）

①元康，晉惠帝司馬衷年號，自西元二九一年至二九九年，共九年。

②《觀世音經》，當指西晉竺法護等譯《正法華經》之〈光世音普門品〉別行者。後世則以苻秦鳩摩羅什所出《法華經》卷八〈觀世音菩薩普行品〉第二十五別行，通稱《觀世音經》。

③「在」字，據《辯正論》卷七及《光世音應驗記》增補。

④政復，即使，縱使。復，語綴，無義。

⑤際，接近，靠近。

⑥駛，疾速。

⑦政，通正，只，就。

14.晉潯陽廬山西有龍泉精舍，即慧遠①沙門之所立也。遠始南渡，愛其區丘。欲創寺宇，未知定方。遣諸弟子訪履林澗，疲息此地。群僧並渴。率同立誓曰：「若使此處，宜立精舍，當願神力，即出佳泉。」乃以杖掘地，淸泉涌出，遂畜爲池。因搆堂于其後。天嘗亢旱，遠率諸僧轉②《海龍王經》③，爲民祈雨。轉讀未畢，泉中有物，形如巨蛇，騰空而去。俄爾洪雨四澍，高下普霑。以有龍瑞，故取名焉。④（《法苑珠林》卷六三）

①慧遠（西元三三四年—四一六年），本姓賈氏，雁門婁煩（今山西樂靜縣）人。《高僧傳》卷六列入「義解」科。

②轉，誦讀。

③《海龍王經》，即《佛說海龍王經》，西晉竺法護譯，四卷。

④按《水經注》卷三十九「廬江」：「廬山之北有水門水，……其水歷澗逕龍泉精舍南。」注：「太元中沙門釋慧遠所建也。」

15.晉沙門于法蘭，高陽①人也。十五而出家。器識沈秀，業操貞整。寺于深巖。嘗夜坐禪，虎入其室；因蹲牀前。蘭以手摩其頭。虎奮耳而伏。數日乃去。竺護②，燉煌人也。風神情宇，亦蘭之次。于時經典新譯，梵語數多，辭句煩蕪，章偈不整；乃領其旨要，刊其游文。亦養徒山中。山有清澗，汲漱所資。有採薪者，嘗穢其水；水即竭涸，俄而絕流。護臨澗徘徊，歎曰：「水若遂竭，吾將何資？」言終而清流洋溢，尋復盈澗。並武惠③時人也。支道林④爲之像讚曰：「于氏超世，綜體玄旨；嘉循山澤，仁感虎兕。護公澄寂，道德淵美；微吟空澗，枯泉還水。」⑤（《法苑珠林》卷六三）

①高陽，郡名。在今河北省博野縣附近。

②竺護，《出三藏記集》卷十三、《高僧傳》卷一，並云竺法護。

③武惠，指晉武帝、惠帝。

④支遁（三一四年—三六六年），字道林，本姓關氏，陳留人。《高僧傳》卷四列入「義解」科。

⑤「微吟」二句，《高僧傳》卷一、《開元釋教錄》卷二，並作「微吟窮谷，枯泉漱水」。

16.晉司空廬江何充，字次道。弱①而信法，心業甚精。常於齋堂，置一空座，筵帳精華，絡以珠寶，設之積年，庶降神異。後大會道俗，甚盛。坐次一僧，容服麤垢，神情低陋，出自衆中，逕升其座，拱默而已，無所言說。一堂怪駭，謂其謬僻。充亦不平，嫌於顏色。及行中食②，此僧飯於高座，飯畢，提鉢出堂，顧謂充曰：「何侯徒勞精進③！」因擲鉢空中，陵④虛而去。充及道俗，馳遽觀之，光儀偉麗，極目乃沒。追共惋恨，稽懺⑤累日。（《法苑珠林》卷四二）

①弱，年幼，年少。

②中食，指佛教徒於中午進齋食。

③「何侯」一句，《珠林》卷十九引《梁高僧傳》作「何徒勞精進耶」，《感通錄》卷下作「何俟勞精進耶」。

④「陵」，《珠林》卷十九作「凌」。按：陵、淩通用，上升，登上。

⑤「稽懺」，《珠林》十九、《感通錄》卷下，並作「稽悔」。按：此謂其叩頭懺悔。

17.晉尼竺道容，不知何許①人。居于烏江寺②。戒行精峻，屢有徵感。晉明帝③時，甚見敬事。以華藉席，驗其所得，果不萎焉。時簡文帝④事淸水道⑤，所奉之師，即京師所謂王濮陽⑥也。第內具道舍。容亟開化，帝未之從。其後帝每入道屋，輒見神人爲沙門形，盈滿室內。帝疑容所爲，因事爲師，遂奉正法。晉氏顯尙佛道，此尼力也。當時崇異，號爲「聖人」⑦。新林寺⑧即帝爲容所造也。孝武初⑨忽，而絕迹，不知所在。乃葬其衣鉢。故寺邊有冢在焉。（《法苑珠林》卷四二）

①何許，何所，何處。

②烏江寺，在歷陽郡烏江縣（今安徽省和縣東北）。

③晉明帝，司馬紹，西元三二三年至三二五年在位。

④簡文帝，司馬昱，西元三七一年至三七二年在位。

⑤淸水道，天師道之異支，托稱爲張天師家奴所創。道師以淸水替人治病。參見《道藏》正一部《三天內解經》。

⑥王濮陽，西晉初淸水道師，名未詳，原籍河北濮陽，故稱之。《三洞珠囊》卷一，略載其事迹。

⑦「聖人」，《珠林》卷三一引《晉南京寺記》作「聖𡣕」。按：𡣕，女子美稱。

⑧新林寺，在秣陵（今江蘇江寧縣）新林浦，係晉咸安二年（三七二年）簡文帝所起造。詳《晉南

京寺記》。

⑨孝武，司馬曜帝號。西元三七三年至三九六年在位。按：「孝武初」，《比丘尼傳》卷一作「太元中」。

18.晉闕公則，趙①人也。恬放蕭然，唯勤法事。晉武之世，死于洛陽。道俗同志，爲設會於白馬寺中。其夕轉經。宵分②，聞空中有唱讚聲。仰見一人，形器壯偉，儀服整麗，乃言曰：「我是闕公則，今生西方安樂世界③，與諸菩薩④共來聽經。」合堂驚躍，皆得睹見。時復有汲郡⑤衛士度，亦苦行居士也。師於公則。其母又甚信向，誦經長齋，家常飯僧。時日將中，母出齋堂，與諸尼僧，逍遙眺望。忽見空中有一物下，正落母前，乃則鉢也；有飯盈焉，馨氣充　⑥。闔堂蕭然，一時禮敬。母自分行齋人食之，皆七日不飢。此鉢猶云尚存北土。度善有文辭，作八關⑦懺文。晉末齋者尚用之，晉永昌⑧中死，亦見靈異。有浩像者作《聖賢傳》⑨，具載其事，云度亦生西方。吳興王該〈日燭〉⑩：「闕夐登霄，衛度繼軌。咸恬泊以無生，俱蛻骸以不死」者也。（《法苑珠林》卷四二）

①趙，郡名。今河北省高邑縣附近。

②宵半，夜半。

③安樂世界，亦稱安樂國，四方極樂之別名。《無量壽經》卷上：「無有三途苦難之名，但有自然快樂之音，是故其國名曰安樂。」

④「菩薩」，《感通錄》卷下作「上人」。

⑤汲郡，今河南省汲縣。

⑥充敎，充溢滿盛。

⑦八關，佛教在家信徒一晝夜受持的八條戒律：不殺生，不偷盜，不淫邪，不妄語，不飲酒食肉，不著花鬘瓔珞、香油塗身、歌舞倡伎故往觀聽，不得坐高廣大牀，不得過齋後喫食。

⑧永昌，晉元帝司馬睿年號之一，僅一年，時爲西元三二二年。

⑨浩像，生平不詳，待考。《聖賢傳》，未見著錄，亡佚。

⑩王該，生平不詳，待考。〈日燭〉，遺文僅見於此。

19.晉南陽滕並①，累世敬信。妻吳郡全氏，尤能精苦。每設齋會，不逆②招請；隨有來者，因留供之。後會僧數闕少，使人衢路要尋。見一沙門，蔭柳而坐，因請與歸。淨人③行食，翻飯于地，傾簞都盡，罔然無計。此沙門云：「貧道鉢中有飯，足供一衆

④。」使並分行。既而道俗內外⑤，皆得充飽。清淨既畢，擲鉢空中，翻然⑥上升。極目乃滅。並即刻木作其形像，朝夕拜禮。並家將有凶禍，則此像必見倒踣云。並子含，以蘇峻之功封東興⑦者也。（《法苑珠林》卷四二）

①滕並，南陽西鄂（今河南南陽縣北）人，吳西鄂侯、晉武當侯滕脩之子。見《晉書·滕脩傳》。
②逆，預先，事先。
③淨人，在寺院擔負勤雜勞務的非出家人員。
④一衆，衆人，全體。
⑤內外，指女子和男子。
⑥翻然，迅速的樣子。
⑦東興，縣名，在今江西省新城縣。按《晉書·滕脩傳》云：「含初爲庾冰輕車長史，討蘇峻有功，封夏陽縣開國侯，邑千六百戶，授平南將軍、廣州刺史。」與此處所記微異。

20.沙門竺法進者，開度浮圖①主也。聰達多知，能解殊俗之言。京洛將亂，欲處山澤。衆人請留，進皆不聽。大會燒香，與衆告別。臨當布香，忽有一僧，來處上座，衣服塵垢，面目黃腫。法進怪賤②，牽就下次，輒復來上。牽之至三，乃不復見。衆坐既定，方就下食，忽暴風揚沙，柈桉③傾倒。法進懺悔自責，乃止不入山。時論以爲：世將大亂，法進不宜入山。又道俗至意，苦相留慕，故見此神異，止其行意也。（《法苑珠林》卷四二）

①開度浮圖，即開度寺，其址不詳。

②怪賤，埋怨鄙視。

③柈桉，通槃案、盤案。《急就篇》卷三顏師古注：「無足曰槃，有足曰案，所以陳舉食也。」

21.晉周閔①汝南人也。晉護軍將軍。家世奉法。蘇峻之亂，都邑人士，皆東西波遷②。閔家有《大品》③一部，以半幅八丈素反覆書之；又有餘經數囊，《大品》亦雜在其中。既當避難，單行④不能得盡持去；尤惜《大品》，不知在何囊中？倉卒應去，不展⑤尋搜，徘徊歎咤。不覺《大品》忽自出外。閔驚喜持去。周氏遂世寶之。今云尚在。一說云：周嵩⑥婦胡母氏，有素書《大品》。素廣五寸，而《大品》一部盡在焉。又幷有舍利，銀罌貯之。並緘于深篋。永嘉之亂，胡母將避兵南奔，經及舍利，自出篋外。因取懷之。以渡江東。又嘗遇火，不暇取經。及屋盡火滅，得之於灰燼之下，儼然如故。會稽王道子⑦就嵩曾〔孫〕⑧雲求以供養。後嘗暫在新渚寺。劉敬叔⑨云：「曾親見此經。字如麻子⑩，巧密⑪分明。」新渚寺，今天安⑫是也。此經蓋得道僧釋慧則⑬所寫也。或云，嘗在簡靖寺⑭靖首尼⑮讀。（《法苑珠林》卷十八）

①周閔，字子騫，周顗長子。《晉書》卷六九附見〈周顗傳〉。

②「波遷」，《廣記》一一三作「播遷」。按：波遷，即播遷，遷徙之意。

③《大品》，即《大品般若經》。苻秦鳩摩羅什所譯《摩訶般若波羅蜜經》，有二十七卷本與十卷本，其詳者曰《大品般若經》。

④單行，獨行。

⑤不展，來不及，不能夠。

⑥周嵩，字仲智，周顗之弟。生平附見《晉書·周浚傳》。

⑦司馬道子，晉簡文帝之子，安帝元興元年（四〇二年）爲桓玄酖殺，年三十九。

⑧「孫」字，據《廣記》增補。

⑨劉敬叔，字敬叔，彭城（今江蘇銅山縣）人，宋文帝元嘉中（約四四〇年）仍在世。著有《異苑》十卷。

⑩「子」，原作「大」，今據《廣記》校改。

⑪「巧密」，《廣記》作「點畫」。

⑫天安寺，原名新亭精舍、新渚寺，劉宋初改爲中興寺，宋孝武帝大明四年（四六〇年）詔敕改名。詳參《高僧傳》卷四〈竺法義傳〉、卷七〈釋道溫傳〉及本書第一一〇則〈道溫〉。

⑬釋慧則，《高僧傳》卷十「神異」科作「安慧則」。《高僧傳》並載有安慧則手自細書《大品經》緣起暨神奇流傳之事，可參閱。

⑭簡靖寺，晉孝武帝太元十年（三八五年）會稽王道子爲妙音尼所立，見《比丘尼傳》卷一。

⑮「靖首尼」，《高僧傳》卷十作「首尼」；《廣記》卷一一三作「道尼」，非是。

22.晉史世光者，襄陽人也。咸和八年①，於武昌死。七日，沙門支法山②轉《小品》③，疲而微卧。聞靈座上，如有人聲。史家有婢，字張信，見世光在靈上著衣帢④，具如平生。語信云：「我本應墮龍⑤中，支和尚爲我轉經，曇護、曇堅迎我上第七梵天⑥快樂處矣。」護、堅並是山之沙彌已亡者也。後支法山復往，爲轉《大品》，又來在座。世光生時，以二旛供養。時在寺中，乃呼：「張信持旛送我。」信曰：「諾。」便絕死。將信持旛，俱西北飛，上一青山。上如瑠璃色。到山頂，望見天門，世光乃自提旛，遣信令還；與一青香，如巴豆⑦，曰：「以上支和尚。」信未還，便遙見世光直入天門。信復道而還，倏忽蘇活；亦不復見手中香也，旛亦故在寺中。世光與信，於家去時，其六歲兒見之，指語祖母曰：「阿郎⑧飛上天，婆爲見不？」世光後復與天人十餘，俱還其家，徘徊而去。每來必見簪帢，去必露髻。信問之，答曰：「天上有冠，不著此也。」後乃著天冠，與群天人，鼓琴行歌，徑上母堂。信問：「何用屢來？」曰：「我來，欲使汝輩知罪福也；亦兼娛樂阿母。」琴音清妙，不類世聲；家人大小，悉得聞之。然聞其聲，如隔壁障，不得親察也。唯信聞之，獨分明焉。有頃去，信自送。見世光入一黑門，有頃來出，謂信曰：「舅在此，日見搒撻，楚痛難勝。省視還也。舅坐犯殺罪，故受此報。可告舅母：會僧轉經，當稍免脱。」舅即輕車將軍報終⑨也。（《法苑珠林》卷五）

①咸和，晉成帝司馬衍年號。八年，當西元三三三年。

②支法山，生平不詳，待考。

③《小品》，指七卷本的《小品般若波羅蜜經》。

④衣帢，衣服及便帽。帢，狀如弁而缺四角，用縑帛縫製。相傳爲曹操創製。

⑤「龍」，《廣記》卷一一二作「獄」。

⑥佛經中稱三界（欲界、色界、無色界）中的色界初三重天爲梵天。第七梵天，未詳所指。

⑦巴豆，植物名。盛產於巴蜀，其形如豆，故名。有大毒，須慎用。

⑧「郎」，《廣記》作「爺」，《廣記校勘記》作「耶」。按：爺、耶通用，父親，是，可從。

⑨報終，不詳，待考。

23.晉張應者，歷陽①人。本事俗神，鼓舞淫祀。咸和八年，移居蕪湖。妻得病。應請禱備至，財產略盡。妻，法家②弟子也，謂曰：「今病日困，求鬼無益，乞作佛事。」應許之。往精舍中，見竺曇鎧③。曇鎧曰：「佛如愈病之藥。見藥不服，雖視無益。」應許當事佛。曇鎧與期明日往齋。應歸，夜夢見一人，長丈餘，從南來。入門曰：「汝④家狼藉，乃爾⑤不淨。」見曇鎧隨後，曰：「始欲發意，未可責之。」應先〔手〕⑥巧，眠覺，便炳⑦火作高座⑧及鬼子母⑨座。曇鎧明往，應具說夢。遂受五戒，斥⑩除神影，大設福供。妻病即閒，尋都除愈。咸康二年⑪應至馬溝糴鹽，還泊蕪湖浦宿。夢見三人，以鋼鉤釣之。應曰：「我佛弟子。」牽終不置，曰：「奴叛走⑫多時。」應怖，謂曰：「放我，當與君一升酒。」釣人⑬乃放之。謂應：「但畏後人復取汝耳。」眠覺，腹痛泄痢，達家大困。應與曇鎧，闊⑭絕已久。病甚。遣呼之，適值不在。應尋氣絕。經日而蘇活。說：有數人以鋼鉤釣將北去。下一坂岸。岸下見有鑊湯刀劍，楚毒之具。應時悟是地獄。欲呼師名，忘曇鎧字，但喚：「和尚救我！」亦時喚佛。有頃，一人從西面來，形長丈餘，執金杵，欲撞此釣人，曰：「佛弟子也，何入此中？」釣人怖散。長人引應去，謂曰：「汝命已盡，不復久生。可暫還家。頌唄⑮三偈，並取和上名字，三日當復命，過即生天矣。」應既蘇，即復怳然。既而三日，持齋頌唄，遣人疏取曇鎧名。至日中，食畢，禮佛讀唄，遍與家人辭別。澡洗著衣⑯，如眠便盡。（《法苑珠林》卷六二）

①歷陽，郡名。今安徽省和縣。

②法家，猶僧家，佛家。

③竺曇鎧，東晉成帝時蕪湖僧人，餘未詳，待考。

④「汝」，《廣記》卷一一三引《珠林》作「此」。

⑤乃爾，竟然如此。

⑥「手」字，據《辯正論》卷八引《靈鬼志》校補。

⑦「炳」，《廣記》作「秉」。

⑧高座，亦作高坐，講席。

⑨鬼子母，佛教神名。梵名訶梨帝南，受釋迦佛度化，成爲保護小兒之神。

⑩「斥」，《廣記》作「屏」。

⑪咸康，晉成帝司馬衍年號。二年，當西元三三六年。
⑫叛走，逃走。
⑬「鈞人」，原作「調」，今據《廣記》校改。
⑭「闔」，原作「悶」，今據《廣記》校改。
⑮唄，梵語Pathaha（唄匿）音譯之略。意爲止息、贊歎。此泛指頌贊。
⑯「澡洗著衣」，《廣記》作「澡沐冠帶」。

24.晉董吉者，於潛①人也。奉法三世，至吉尤精進。恆齋戒，誦《首楞嚴經》②。村中有病，輒請吉讀經；所救多愈。同縣何晃者，亦奉法士也。咸和中，卒得山毒之病，守困。晃兄惶遽，馳往請吉。董、何兩舍，相去六七十里。復隔大溪。五月中，大雨。晃兄初渡時，水尚未至。吉與期投③中食後。比往而山水暴漲，不復可涉。吉不能泅；遲迴歎息，坐岸良久；欲下，不敢渡。吉既信直，必欲赴期。乃惻然發心④，自誓曰：「吾救人苦急，不計軀命⑤。剋冀如來大士⑥，當照乃誠。」便脫衣，以囊經戴置頭上，逕入水中。量其深淺，乃應至頸。及吉渡，正著膝耳。既得上岸，失囊經，甚惋恨。進至晃家，三禮⑦懺悔，流涕自責。俛仰之閒，便見經囊在高座上。吉悲喜取看，浥浥⑧如有溼氣。開囊視經，尙燥如故。於是村人，一時奉法。吉所居西北，有一山，高峻，中多妖魅，犯害居民。吉以經戒之力，欲伐降⑨之。於山際四五畝地，手伐林木，構造小屋，安設高座，轉《首楞嚴經》。百餘日中，寂然無聞。民害稍止。後有數人至吉所，語言良久。吉思惟此客言者，非於潛人；窮山幽絕，何因而來？疑是鬼神，乃謂之曰：「諸君得無是此中鬼耶？」答曰：「是也。聞君德行清肅，故來相觀。並請一事，想必見聽。吾世有此山，游居所託。君既來止，慮相逆⑩冒，恆懷不安。今欲更作界分，當殺樹爲斷。」吉曰：「僕貪此靜寂，讀誦經典，不相干犯。方爲卿比⑪，願見祐助。」鬼答：「亦復憑⑫君，不見侵尅也。」言畢而去。經一宿，前所芟地，四際之外，樹皆枯死，如火燒狀。吉年八十七，亡。（《法苑珠林》卷十八）

①於潛，縣名。今浙江於潛縣。

②《首楞嚴經》，當即晉惠帝元康年間（二九一年至二九九年）竺叔蘭所出，共二卷。

③投，臨，接近。

④發心，動念。

⑤軀命，生命。

⑥如來大士，猶言如來佛、如來菩薩。
⑦三禮，表示身口意三業之敬意而爲三拜儀式。
⑧浥浥，潤濕的樣子。
⑨「伐降」，《廣記》卷一一二作「降伏」。
⑩「逆」，《廣記》作「犯」。
⑪「方爲卿比」，《廣記》作「方喜爲此」。
⑫憑，依託，依仗。

25.晉周璫者，會稽剡①人也。家世奉法。璫年十六，便菜食持齋，諷誦《成具》②，及頃轉經。正月長齋竟，延僧設受八關齋。至鄉市寺③，請其師竺僧密及支法階、竺佛密，令持《小品》，齋日轉讀。至日，三僧赴齋，忘持《小品》。至中食畢，欲讀經，方憶。意甚惆悵。璫家在坂怡村，去寺三十里，無人遣取。至人定燒香訖，舉④家恨不得經。密益踧踖。有頃，聞有叩門者，言送《小品》。璫愕然心喜。開門，見一年少，著單衣帢⑤，先所不識，又非人行時⑥，疑其神異，便長跪受經，要⑦使前坐。年少不進，期⑧夜當來聽經。比道人出，忽不復見。香氣遍一宅中。

旣而視之，乃是密經也。道俗驚喜。密經先在廚中，緘鑰甚謹。還視其鑰，儼然如故。於是村中十餘家，咸皆奉佛。益敬愛瑫。瑫遂出家，字曇疑。諷誦衆經，至二十萬言。（《法苑珠林》卷十八）

①剡，縣名。今浙江省嵊縣。

②《成具》，即《成具光明定意經》，一卷，後漢支曜譯。

③鄉市寺，剡縣寺院，餘未詳，待考。

④「舉」，《廣記》卷一一〇作「本」。

⑤單衣，江左諸人用來見尊者的服裝。峽，即帢，便帽。

⑥「人行時」，《廣記》作「時人」。

⑦要，邀請。

⑧「期」，原作「斯」，據《大藏經·珠林校勘記》改；《廣記》作「曰斯」。

26.晉孫稚，字法暉，齊國般陽縣①人也。父祚，晉太中大夫。稚幼而奉法。年十八，以咸康元年②八月病亡。祚後移居武昌。至三年四月八日，沙門于法階③行尊像，經家門。夫妻大小出觀，見稚亦在人衆之中，隨侍像行。見父母，拜跪問訊④，隨共還家。祚先病，稚云：「無他禍祟，不自將護⑤所致耳。五月當差。」言畢辭去。其年七月十五日，復歸，跪拜問訊，悉如生時。說其外祖父爲太山府君⑥，見稚，說稚母字曰：「汝是某甲兒耶！未應便來，那得至此？」稚答：「伯父將⑦來，欲以代讁。」有教⑧推問，欲鞭罰之；稚救解得原。稚兄容，字思淵，時在其側，稚謂曰：「雖離故形，在優樂處，但讀書無他作，願兄勿復憂也。但勤精進，繫念修善，福自隨人矣。我二年學成，當生國王家。同輩有五百人，今在福堂，學成皆當上生第六天⑨上。我本亦應上生，但以解救先人，因緣纏縛⑩，故獨生王家耳！」到五年七月七日，復歸。說邾城⑪當有寇難。事例甚多，悉皆如言。家人祕之，故無傳者。又云：「先人多有罪讁，宜爲作福。我今受身人中，不須復營，但救先人也。願父兄勤爲功德。作福食⑫時，務使鮮潔。一一如法者，受上福；次者，次福；若不能然，然後⑬費設耳。當使平等，心無彼我，其福乃多。」祚時有婢，稚未還時，忽病殆死，周身皆痛。稚云：「此婢欲叛，我前與鞭，不復得去耳。」推問婢，云：「前實欲叛，與人爲期。日垂至而便住。」云云。（《法苑珠林》卷九一）

①般陽縣，今山東淄川縣。

②咸康，晉成帝司馬衍年號。元年，當西元三三五年。

③「階」，《廣記》卷三二〇引《珠林》作「皆」。于法階，事迹不詳，待考。

④問訊，僧尼等向人合掌致敬。

⑤將護，將養調護。

⑥「太」，《廣記》作「泰」。泰山，古人以爲係陰府所在，其神主生死之籍，因倣人間官制，稱爲府君。六朝時，佛家亦以泰山爲地獄所在。

⑦將，持，帶領。

⑧敎，原指諸侯之言，説見蔡邕《獨斷》。此謂泰山府君的指令。

⑨第六天，欲界之他化自在天。

⑩纏縛，纏繞束縛。

⑪邾城，今湖北黃岡縣。

⑫福食，供祀神用的食物。

⑬「然後」，《廣記》作「徒」。

27.晉李恆，字元文，譙國①人。少時，有一沙門造恆，謂曰：「君福報將至，而復對②來隨之。君能守貧修道，不仕宦者，福增對滅。君其勉之！」恆性躁，又寒門，但問仕宦當何所至，了不尋究修道意也。與一卷經，恆不肯取。又固問榮途貴賤何如？沙門曰：「當帶金紫③，極於三郡。若能於一郡止者，亦爲善也。」恆曰：「且當富貴，何顧後患？」因留宿。恆夜起，見沙門身滿一牀，入呼家人，大小闚視④，復變爲大鳥，跱屋梁上。天曉，復形而去。恆送出門，忽不復見。知是神人。因此事佛，而亦不能精至。後爲西陽、江夏、廬江⑤太守，加龍驤將軍。太興⑥中，預錢鳳⑦之亂，被誅。（《法苑珠林》卷五六）

①譙國，今安徽亳州市。
②對，禍患。
③金紫，金印紫綬，古代相國以下，至前後左右將軍所掌，亦爲表示品級之服飾。
④闚視，窺看。
⑤西陽，在今湖北黃岡縣。江夏，今湖北雲夢縣附近。廬江，今安徽舒城縣。
⑥太興，晉元帝司馬睿年號。自西元三一八年至三二一年，共四年。
⑦錢鳳，字世儀，武康（今浙江武康縣）人。王敦以爲鎧曹參軍，知敦有不臣之心，因進邪說，遂相朋搆。敦敗，伏誅。事載《晉書·王敦傳》。

28.晉竇傳者，河內①人也。永和②中，并州刺史高昌③，冀州刺史呂護④，各權部曲

⑤，相與不和。傳爲昌所用，作官長。護遣騎抄擊，爲所俘執。同伴六七人，共繫入一獄。鎖械甚嚴，剋日⑥當殺之。沙門支道山⑦，時在護營中。先與傳相識。聞其執厄，出至獄所候視之，隔戶共語。傳謂山曰：「今日困厄，命在漏刻，何方相救？」山曰⑧：「若能至心歸請，必有感應。」傳先亦頗聞觀世音⑨。及得山語，遂專心屬念。晝夜三日，至誠自歸⑩。觀其鎖械，如覺緩解，有異於常。聊試推盪，摧然離體。傳乃復至心曰：「今蒙哀祐，已令桎梏自解。而同伴尚多，無心獨去。觀世音神力普濟，當令俱免。」言畢，復牽挽餘人，皆以次解落，若有割剔之者。遂開門走出，於警徼⑪之閒，莫有覺者。便踰城逕去。時夜向曉，行四五里。天明，不〔敢〕⑫復進。共逃隱一榛中。須臾，覺失囚，人馬絡繹，四出尋捕。焚草踐林，無不至遍⑬。唯傳所隱一畝許地，終無至者，遂得免還。鄉里敬信異常，咸信奉佛法⑭。道山後過江，爲謝居士敷⑮具說其事。（《法苑珠林》卷十七）

①河內，郡名。今河南沁陽縣。

②永和，晉穆帝司馬聃年號。自西元三四五年至三五六年，共十二年。

③幷州，後趙置，治上黨，在今山西省潞城縣東北。高昌，石季龍故將，於永和七年十二月降晉，事載《晉書·穆帝紀》。

④冀州，晉治房子，故城在今河北省高邑縣西南。呂護，慕容儁署爲寧南將軍，陰通晉室，穆帝以之爲前將軍、冀州刺史。事見《晉書·慕容暐載記》。

⑤部曲，部屬，部下。

⑥「尅」，《廣記》卷一一〇作「克」。按：尅、克通用。尅日，限定日期。

⑦支道山，生平欠詳，待考。

⑧「曰」下，《光世音應驗記》有「人事不見其方，唯光（觀）世音菩薩救人危難」二句，文義較完足。

⑨觀世音，佛菩薩名，別稱觀自在或觀音大士。唐代避太宗李世民諱，省稱觀音。彼乃慈悲的化身，救苦救難之神。

⑩自歸，自行歸順依從。

⑪警徼，警衛巡邏。

⑫「敢」字，據《廣記》、《光世音應驗記》增補。

⑬「至遍」，《廣記》作「徧至」。

⑭「咸信奉佛法」，原作「成佳奉法」，今依《廣記》、《光世音應驗記》校改。

⑮謝敷，字慶緒，會稽人。性澄靖寡欲。《晉書》卷九四列入隱逸傳。

29.晉大司馬桓溫①，末年頗奉佛法，飯饌僧尼。有一比丘尼，失其名，來自遠方，投溫爲檀越②。尼才行不恆③，溫甚敬待，居之門內。尼每浴，必至移時。溫疑而窺之，見尼裸身揮刀，破腹出臟，斷截身首，支分④臠切。溫怪駭而還。及至尼出浴室，身形如常。溫以實問，尼答云：「若遂淩君上，刑當如之。」時溫方謀問鼎，聞之悵然，故以戒懼，終守臣節。尼辭去，不知所在。（《法苑珠林》卷三三）

①桓溫（三一二年—三七三年），字元子，龍亢（今安徽懷遠縣）人。《晉書》卷九八有傳。

②檀越，梵語Dānapati的音譯。施主。

③不恆，不平常。

④支分，分割肢體。按：支，肢的古字。

30.晉①李清者，吳興於潛人也。仕桓溫大司馬府參軍督護。於府得病，還家而死；經夕蘇活。說云：初見傳教②持信旛喚之，云：「公欲相見。」清謂是溫召，即起束帶而去。出門，見一竹輿，便令入中。二人推之，疾速如馳。至一朱門，見阮敬③，時敬死已三十年矣。敬問清曰：「卿何時來？知我家何似④？」清云：「卿家異⑤惡。」敬便雨淚，言：「知吾子孫如何？」答云：「且⑥可。」敬云⑦：「我今令卿得脫。汝能料理⑧吾家否？」清云：「能。若能如此，不負大恩。」敬言：「僧達⑨道人是官師，甚被敬禮，當苦告之。」還內良久，遣人出云：「門前四層寺，官所起也。僧達常以平旦入寺禮拜，宜就求哀。」清往其寺，見一沙門，語曰：「汝是我前七生時弟子。已經七世受福，迷著世樂，忘失本業。背正就邪，當受大罪，今可改悔。和尚明出，當相佐助。」清還先輿中，夜寒噤凍。至曉門開，僧達果出至寺。清便隨逐稽顙⑩。僧達云：「汝當革心爲善，歸命佛、法，歸命比丘僧。受此三歸，可得不橫死。受持勤者，亦不經苦難。」清便奉受。又見昨所遇沙門，長跪請曰：「此人僧中⑪宿世弟子。忘正失法，方將受苦。先緣所追。今得歸命，願垂慈愍。」答曰：「先是福人，當易拔濟⑫耳。」便還向朱門。俄遣人出云：「李參軍可去。」敬時亦出，與清一青竹枝⑬，令閉眼騎之。清如其語，忽然至家。家中啼哭，及鄉親塞堂，欲入不得。會買材⑭還，家人及客，赴監視之。唯屍在地。清入至屍前，聞其屍臭。自念悔還。但外人逼突，不覺入屍時，於是而活。即營理敬家，分宅以居。於是歸心三寶，勤信法教，遂作佳流⑮弟子。（《法苑珠林》卷九五）

①「晉」原作「宋」，今改正。魯迅《古小説鉤沈·冥祥記》案語云：「宋當作晉，《廣記》引，

無。」按下文，作晉爲是。

②傳敎，傳達敎令的使者。

③阮敬，生平未詳，待考。

④何似，如何，怎樣。

⑤「異」，《廣記》卷三七九作「暴」。

⑥「且」，《大藏經·珠林》校勘記云：「且＝具〇。」按：且、具通用，俱、都之意。

⑦「敬云」二字，據《廣記》引文增補。

⑧料理，照顧。

⑨僧達，生平不詳，待考。

⑩稽顙，屈膝下拜，以額觸地，表示極度虔誠。

⑪「中」，《大藏經·珠林校勘記》云：「中＝手　宋、朱元宮：乎，明」；《廣記》作「達」。

⑫拔濟，拯救，濟渡。

⑬「枝」，《廣記》作「杖」。

⑭材，棺木。

⑮佳流，優秀品類。

31.晉呂竦，字茂高，兗州①人也。寓居始豐②。其縣南溪，流急岸峭，迴曲如縈，又多大石。白日行者，猶懷危懼。竦自說：其父嘗行溪中，去家十許里。日向暮，天忽風雨，晦冥如漆，不復知東西。自分③覆溺，唯歸心觀世音，且誦且念。須臾，有火光來岸，如人捉④炬者，照見溪中了了。遙得歸家，火常在前導，去船十餘步。竦復與郗嘉賓⑤周旋，郗所傳說。（《法苑珠林》卷六五）

①兗州，晉設，在今山東范縣東南。

②始豐，縣名。今浙江省天台縣。

③自分，自己料定。

④捉，把，持。

⑤郗超，字嘉賓，高平金鄉（今山東省金鄉縣）人。善談論，奉佛。《晉書》卷六七附見〈郗鑒傳〉。

32.晉徐榮者，瑯邪①人。嘗至東陽②還，經定山③，舟人不慣，誤墮洄澓④中。游舞濤波，垂欲沈沒。榮無復⑤計，唯至心呼觀世音。斯須⑥間，如有數十人齊力引船者，踊出澓中，還得平流，沿江還下。日已向暮，天大陰闇，風雨甚駛，不知所向；而濤浪轉盛。榮誦經不輟口。有頃，望見山頭有火光赫然，迴柁趣之，逕得還浦。舉船安隱。既至，亦不復見光。同旅異之，疑非人火。明旦，問浦中人：「昨夜山上是何火光？」衆皆愕然曰：「昨風雨如此，豈如⑦有火理？吾等並不見。」然後了⑧其爲神光矣。榮後爲會稽府督護，謝敷聞其自說如此。時與榮同船者，有沙門支道蘊⑨，謹篤士也，具見其事。後爲傅亮⑩言之，與榮所說同。（《法苑珠林》卷六五）

①瑯琊，亦作琅邪，郡名。在今山東臨沂縣附近。
②東陽，縣名。今浙江省金華縣。
③定山，縣名。今浙江省錢塘縣。
④「澓」，《廣記》卷一一〇引《珠林》作「洑」。按：澓、洑通用。洄澓，盤旋之水流。
⑤無復，沒有。按：『復』用在否定詞後作語綴，只起襯音作用，無義。
⑥「斯須」，《廣記》作「須臾」。按：斯須，即須臾，片刻之意。
⑦「如」，《廣記》無此字；《光世音應驗記》同。
⑧了，明瞭，清楚。
⑨支道蘊，生平未詳，待考。
⑩傅亮（三七四年—四二六年），字季友，北地靈洲（今寧夏省靈武縣）人。累世奉佛，亮甚虔

信，著有《光（觀）世音應驗記》一種。生平見《宋書》卷四三。

33.晉簡文帝有意興構長干塔①，未遂而崩。②（《集神州三寶感通錄》卷上）

①長干塔，在今江蘇江寧縣附近古越城東廢長干寺內。

②簡文帝司馬昱在位兩年，咸安二年（三七二年）七月崩，享壽五十有三。

按：本則乃釋道宣《感通錄》述金陵長干塔興廢時所節引者，內容不甚完整。其詳俟考。

34.晉〔興寧中〕①，沙門竺法義，山居好學。住在始寧②保山。游刃衆典，尤善《法華》③，受業弟子，常有百餘。至咸安二年④，忽感心氣⑤，疾病⑥積時，攻治備至，而了不損。日就綿篤。遂不復自治，唯歸誠觀世音。如此數日。晝眠，夢見一道人⑦來，候其病，因爲治之：刳出腸胃，湔洗腑臟；見有結聚不淨物甚多。洗濯畢，還內⑧之。語義曰：「汝病已除。」眠覺，衆患豁然；尋得復常。案其經云：「或現沙門、梵志⑨之像。」意者義公所夢，其是乎。義以太元七年⑩亡。自竺長舒至義六事，並宋尚書令傅亮所撰⑪。亮自云：其先君⑫與義游處。義每說其事，輒懍然增肅焉。（《法苑珠林》卷九五）⑬

①「興寧中」三字，據《廣記》卷一一〇引《珠林》增補。按：興寧，晉哀帝司馬丕年號，自西元三六三年至三六五年，共三年。

②始寧，縣名。在今浙江省上虞縣。

③《法華》，《妙法蓮花經》之略名。苻秦鳩摩羅什譯，七卷或八卷。它是大乘佛教的一部重要經典，我國佛教各宗派皆加以尊奉。

④咸安二年，西元三七二年。

⑤自「游刃衆典」至「忽感心氣疾病」六句，據《珠林》卷十七增入。

⑥「疾病」，原作「得病」今據《珠林》卷十七改。

⑦道人，指佛門僧徒。

⑧「內」，《廣記》作「納」。按：內、納同字。

⑨梵志，古印度一切『外道』出家者的通稱。

⑩太元，晉孝武帝司馬曜的年號。七年，當西元三八二年。

⑪傅亮《光世音應驗記》，共有：「竺長舒」、「沙門帛法橋」、「鄴西寺三胡道人」、「竇傳」、「呂竦」、「徐榮」、「沙門竺法義」七則。目前無法確認曾爲《冥祥記》採用者，唯第二、三兩則之一而已。

⑫其先君，指傅瑗。瑗，字叔玉，以學業知名，位至安成太守。生平附見《宋書》、《南史·傅亮

傳》。

⑬《珠林》卷十七、卷九五，並載竺法義說觀世音神異事，一出《冥祥記》，一云出《述異記》；《廣記》卷一一〇又轉引《珠林》卷九五，亦注出《述異記》。魯迅《古小說鉤沈》，據以上三種資料校補拼合，錄入《冥祥記》，而《述異記》不收此事。其視《珠林》卷九五、《廣記》卷一一〇所注出《述異記》爲誤題，可知。然證據似嫌不足。

35.晉杜願，字永平，梓潼涪①人也。家巨富。有一男，名天保，願愛念。年十歲，泰元三年②，暴病而死。經數月日，家所養豬，生五子；一子最肥。後官長新到，願將以作禮，捉就殺之。有一比丘，忽至願前，謂曰：「此豘③是君兒也。如何百餘日中，而相忘乎？」言竟，忽然不見。四顧尋視，見在西天④，騰空而去。香氣充布，彌日乃歇。（《法苑珠林》卷五二）

①涪，縣名。在今四川綿陽縣附近。

②「泰元」，《感通錄》卷下作「太元」。按：太元三年，西元三七八年。

③豘，同豚，小豬。

④「西天」，《感應錄》作「天西」；《廣記》卷四三九引《珠林》作「雲中」。

36.晉唐遵，字保道，上虞①人也。晉太元八年，暴病而死。經夕得蘇。云：有人呼將去②，至一城府。未進頃，見其從叔，自城中出，驚問遵：「汝何故來？」遵答：「違離姑姊，並歷年載，欲往問訊③。本明當發，夜見數人，急呼來此。即時可得歸去，而不知還路。」從叔云：「汝姑喪已二年。汝大姊兒道文，近被錄來。既蒙恩放，仍留看戲，不即還去，積日方歸，家已殯殮。乃入棺中，又搖動棺器，冀望其家覺悟開棺。棺遂至路，落檀車下。其家或欲開之。乃問卜者。卜云：『不吉』遂不敢開。不得復生。今爲把沙之役，辛勤極苦。汝宜速去，勿復住此。且汝小姊，又已喪亡。今與汝姑，共在地獄，日夕憂苦。不知何時，可得免脫。汝今還去，可語其兒：勤修功德，庶得免之。」於此示遵歸路。將別，又囑遵曰：「汝得還生，良爲殊慶。在世無幾，倏如風塵。天堂地獄，苦樂報應；吾昔聞其語，今睹其實。汝宜深勤善業，務爲孝敬。受法持戒，愼不可犯。一去人身，入此罪地。幽窮苦酷④，自悔何及？勤以在心，不可忽也。我家親屬，生時不信罪福，今並遭塗炭，長受楚毒，焦爛傷痛，無時暫休。欲求一日改惡爲善，當何得耶？悉我所具知，故以囑汝。勸化家內，共加勉勵。」言已，涕泣，因此而別。遵隨路而歸，俄而至家。家治棺將竟，方營殯殮。遵既附屍，屍尋氣通。移日稍差。勸示親識，並奉大法。初遵姑適南郡⑤徐漢，長姊適江夏樂瑜于，小姊適吳興⑥嚴晚。途路懸遠，久斷音息。遵既差，遂至三郡，尋訪姑及小姊。姊子果竝喪亡。長姊亦說兒道文殯後，棺動墮車，皆如叔言。既聞遵說道文橫死之意，姊追加痛恨，重爲製服。（《法苑珠林》卷九七）

①上虞，縣名。在浙江省紹興縣東。

②呼將去，呼喊攜帶離去。本句『將』字大抵已經虛化，朝著語助詞的方向過渡。

③問訊，問候，探視。

④苦酷，痛苦。

⑤南郡，今湖北江陵縣。

⑥吳興，郡名。在今浙江省吳興縣附近。

37.晉謝敷，字慶緒，會稽山陰①人也，鎮軍將軍輶②之兄子也。少有高操，隱于東山③，篤信大法，精勤不倦，手寫《首楞嚴經》④。嘗⑤在都白馬寺⑥中，寺爲災火所延，什物餘經，竝成煨燼，而此經止燒紙頭界外而已。文字悉存，無所毀失。敷死時，友人疑其得道。及聞此經，彌復驚異。至元嘉八年⑦，河東蒲坂⑧城中大災火。

火自隔河飛至，不可救滅；處戍民居，無不蕩盡。唯精舍塔寺，並得不焚。里中小屋，有經像者，亦多不燒。或屋雖焚毀，而於煨燼之中，時得全經，紙素如故。一城歎異，相率敬信。（《法苑珠林》卷十八）

①山陰，縣名。今浙江省山陰縣。

②謝輶，生平不詳，晉孝武帝太元六年（三八一年）爲中領軍；安帝隆安初，任會稽內史，爲司馬道子所殺害。事見《晉書》卷四四〈桓彝傳〉、卷七十〈孫恩傳〉。

③東山，在浙江上虞縣西南四十五里，即謝安出仕前所隱居者。

④《首楞嚴經》，當即《首楞嚴三昧經》，三卷，苻秦鳩摩羅什譯。

⑤「嘗」，原作「當」，據《廣記》卷一一三引《珠林》校改。

⑥白馬寺，在建康。其餘未詳，待考。

⑦元嘉，宋文帝劉義隆年號。八年，當西元四三一年。

⑧蒲坂，縣名。在今山西省永濟縣。

38.晉瑯琊王凝之，晉左將軍①夫人，謝氏奕之女②也。嘗頻亡二男，悼惜過甚，哭泣累年，若居至艱。後忽見二兒俱還，皆著鎖械，慰勉其母：「宜自寬割③。兒並有

罪，若垂哀憐，可爲作福。」於是哀痛稍止，而勤功德。（《法苑珠林》卷三三）

①王凝之，字叔平，羲之次子。仕歷江州刺史、左將軍、會稽內史。《晉書》卷五十附見〈王羲之傳〉。

②謝奕，字無奕，謝安之長兄，晉安西將軍、豫州刺史，贈鎮西將軍。生平附見《晉書》卷七九〈謝安傳〉。奕女，名道韞，有文才，所著詩、賦等傳於世。生平載《晉書·列女傳》。

③寬割，寬解。

39.晉沙門支遁，字道林，陳留①人也。神宇雋發，爲老釋風流之宗。常與其師，辯論物類。謂雞卵生用②未足，殺之，與諸蜎動，不得同罰。師尋亡。忽見形來至遁前，手執雞卵，投地，破之，見有雞雛，出殼而行。遁即惟悟③，悔其本言。俄而師及雞雛，並滅不見。（《法苑珠林》卷七二）

①陳留，郡名。在今河南省陳留縣。《高僧傳》卷四云：「或云河東林慮人。」按：林慮縣，今河南省林縣。

②生用，生命機能。

③惟悟，猶感悟。

按：《釋門自鏡錄》卷下載此事，尤其曲折詳盡，可參閱。

40.晉廬山七嶺①，同會於東，共成峰崿。其崖窮絕，莫有昇者。晉太元中，豫章太守范寧②，將起學館，遣人伐材其山。見人著沙門服，淩虛直上。既至，則迴身踞其峰；良久，乃與雲氣俱滅。時有採藥數人，皆共瞻睹。能文之士，咸為之興。沙門釋曇諦③〈廬山賦〉曰：「應眞淩雲以踞峰，眇翳景而入冥」④者也。（《法苑珠林》卷十九）

①七嶺，廬山大嶺，凡有七重。

②范寧（三三九年—四〇一年），字武子，南鄉舞陰（今河南泌陽縣）人。少篤學，多所通覽。任豫章太守時，大設庠序，改革舊制。免官後，猶勤經學，著有《春秋穀梁傳集解》十二卷。生平附見《晉書》卷七五〈范汪傳〉。

③釋曇諦，亦稱支曇諦，姓康，其先康居人。性愛林泉，善屬文翰，有集六卷行世。晉安帝義熙七年（西元四一一年）卒。《高僧傳》卷七列入「義解」科。

④〈廬山賦〉，當係《支曇諦集》之一篇。宋陳舜俞撰《廬山記》，嘗引錄本文。

41.晉沙門釋僧朗①者，戒行明嚴，華戎②敬異。嘗與數人，俱受法請；行至中途，忽告同輩曰：「君等留寺衣物，似有竊者。」同旅即返，果及盜焉。晉太元中，於奉高縣金輿山谷③，起立塔寺，造製形像。苻堅之末，降斥道人，惟敬朗一衆④，不敢毀焉。于時道俗信奉，每有來者。人數多少，未至一日，輒已逆知。使弟子爲具，必如言果到。其谷舊多虎，常爲暴害。立寺之後，皆如家畜。鮮卑慕容德⑤，以二縣租課⑥充其朝中⑦。至今號其谷爲朗公谷也。（《法苑珠林》卷十九）

①釋僧朗，亦稱竺僧朗。《高僧傳》卷五云京兆（今陝西西安附近）人。

②華戎，猶華夷。

③奉高縣，在今山東省泰山縣東北。金輿山谷，泰山西北之一巖，峰岫高險，水石宏壯。

④一衆，一位。

⑤慕容德（三三六年—四〇五年），字玄明，南燕獻武帝。在位七年（三九八年—四〇四年），時稱賢主。生平見《晉書》卷一二七、《魏書》卷九五。

⑥租課，猶賦稅。

⑦朝中，蓋指朝食、午食費用。按：《高僧傳·竺僧朗傳》云：「燕主慕容德欽朗名行，假號東齊王，給以二縣租稅。朗讓王而取租稅，爲興福業。」

42.晉沙門釋法相，河東人①。常獨山居，精苦爲業。鳥獸集其左右，馴若家獸。太山祠

②大石函，以盛財寶。相時山行，宿于其廟。見一人玄衣武冠，令相開函，言終不見。其函石蓋重過千鈞③，相試提之，飄然④而開。於是取其財寶，以施貧民。後渡江南，住越城寺⑤，忽遨游放蕩，俳優滑稽，或時躶袒，干冒朝貴。鎮北將軍司馬恬⑥惡其不節，招而酖之。頻傾三鍾，神氣清怡，恬然自若。年八十九，元興⑦末卒。

（《法苑珠林》卷十九）

①河東，郡名。在今山西省夏縣北。《高僧傳》卷十二云：「不測何人。」《弘贊法華傳》卷六云：「自言河南人。」

②太山祠，蓋即岱宗廟、岱岳祠。《風俗通義》卷十：「岱宗廟在博縣西北三十里，山虞長守之。」《魏書·地形志》：「奉高，有梁父山、岱岳祠、玉符山、故明堂基。」

③千鈞，形容器物之重。按：三十斤爲一鈞，千鈞即三萬斤。

④飄然，輕快的樣子。

⑤越城寺，不詳，待考。

⑥司馬恬，字元愉，無忌之子。晉孝武帝時，官鎭北將軍、兗青二州刺史、假節。太元十五年（三九〇年）薨。生平見《晉書》卷三七〈宗室列傳〉。

⑦元興，晉元帝司馬德宗年號之一。自西元四〇二年至四〇四年，共三年。

按：釋法相有關事跡，唐藍谷沙門慧詳撰《弘贊法華傳》卷六所錄稍詳，可參考。

43.晉張崇，京兆杜陵①人也。少奉法。晉太元中，苻堅既敗，長安百姓有千餘家，南走歸晉。爲鎮戍所拘，謂爲游寇，殺其男丁，虜其子女。崇與同等②五人，手腳杻械，銜身掘坑，埋築至腰，各相去二十步。明日將馳馬射之，以爲娛樂。崇慮望窮盡，唯潔心專念觀世音。夜中，械忽自破，土③得離身！因是便走，遂得免脱。崇既④痛同等，路經一寺，乃復稱觀世音名，至心禮拜。以一石置前，發誓願言：「今欲過江東，訴亂晉帝，理此冤魂，救其妻息⑤。若心願獲果，此石當分爲二。」崇禮拜已，石即破焉。崇遂至京師，發白虎樽⑥，具列冤狀⑦。帝乃悉加宥，已爲人所略賣者，皆〔贖〕⑧爲編戶⑨。智生⑩道人，目所親見。（《法苑珠林》卷六五）

①杜陵，縣名。在今陝西省西安市東南。古爲杜伯國，秦置杜縣；漢宣帝築陵於東原上，因名杜陵。
②同等，同輩。
③「土」，原作「上」，今據《繫觀世音應驗記》校改。
④「既」下，原有「腳」字，今據《繫觀世音應驗記》刪。
⑤妻息，妻室兒子等。

⑥白虎樽，古代用以獎勵直言者的一種酒器，蓋上鑄有白虎圖像，故名。

⑦「狀」，原作「氏」，今據《廣記》卷一一〇引《珠林》校改。《繫觀世音應驗記》亦作「狀」。

⑧「贖」字，據《廣記》增入。

⑨編戶，編入戶籍的普通平民。

⑩智生，生平未詳。《高僧傳》卷五〈釋曇戒傳〉中記曇戒弟子智生侍疾事，當即其人。

44.晉王懿，字仲德，太原①人也。守車騎將軍。世信奉法。父苗，苻堅時爲中山太守，爲丁零②所害。仲德與兄元德⑤，攜母南歸。登陟峭嶮，飢疲絕糧，無復餘計，惟歸心三寶。忽見一童子，牽青牛，見懿等飢，各乞④一飯。因忽不見。時積雨大水，懿前望浩然，不知何處爲淺，可得揭躡？俄有一白狼，旋繞其前，過水而反，似若引導。如此者三。於是逐狼而渡，水纔至膝。俄得陸路，南歸晉朝。後自五兵尚書⑤爲徐州刺史。嘗欲設齋：宿昔⑥灑掃，敷陳香華，盛列經像。忽聞法堂有經唄聲，清婉流暢。懿遽往觀；見有五沙門在佛坐前，威容偉異，神儀秀出。懿知非凡僧，心甚歡敬。沙門迴相瞻眄，意若依然⑦。音旨未交，忽而竦身飛空而去。親表賓僚，見者甚衆，咸悉欣躍，倍增信悟。（《法苑珠林》卷六五）

①太原，郡名。在今山西省太原縣西北。按：《宋書》卷四六、《南史》卷二五〈王懿傳〉，並云：「太原祁人。」

②丁零，又稱丁令、丁靈，古民族名，遊牧於我國北部和西北部廣大地區。

③元德，原名叡，因犯元帝諱，以字行。孝武帝太元末，任弘農太守，欲襲桓玄，事泄，被殺。事蹟附見《宋書》、《南史》之〈王懿傳〉。

④乞，給與。

⑤五兵尚書，三國魏置，掌管中兵、外兵、騎兵、別兵、都兵。晉以後，中、外兵又各分左右。

⑥宿昔，夜晚，夜裡。

⑦依然，形容思念、依戀的情態。

按：《宋書》、《南史》本傳所載，與此異趣，可參看。

45.晉程道惠，字文和，武昌人也。世奉五斗米道①，不信有佛。常云：「古來正道，莫踰李老。何乃信惑胡言，以爲勝教？」太元十五年②，病死。心下尚暖，家不殯殮。數日得蘇。說：初死時，見十許人，縛錄③將去。逢一比丘，云：「此人宿福，未可縛也」。乃解其縛，散驅而去。道路修平，而兩邊棘刺森然，略不容足。驅諸罪人，馳走其中。肉隨著刺，號呻聒耳。見惠行在平路，皆歎羡曰：「佛弟子行路，復勝人也？」惠曰：「我不奉法。」其人笑曰：「君忘之耳！」惠因自憶先身④奉佛，已經五生五死，忘失本志。今生在世，幼遇惡人，未達邪正，乃惑邪道。既至大城，逕進聽事⑤。見一人，年可四五十，南面而坐。見惠驚曰：「君不應來！」有一人，著單衣幘，持簿書對曰：「此人伐社殺人，罪應來此。」向所逢比丘亦隨惠入，申理甚至。云：「伐社，非罪也。此人宿福甚多，殺人雖重，報未至也。」南面坐者曰：「可罰所錄人。」命惠就坐，謝曰：「小鬼謬濫，枉相錄來。亦由君忘失宿命⑥，不知奉大正法故也。」將遣惠還，乃使暫兼覆校將軍，歷觀地獄。惠欣然辭出，導從而行。行至諸城，城城皆是地獄。人衆巨億，悉受罪報。見有猘狗，嚙人百節，肌肉散落，流血蔽地。又有群鳥，其喙如鋒，飛來甚速，欻然而至，入人口中，表裡貫洞；其人宛轉呼叫，筋骨碎落。其餘經見，與趙泰、屑荷，大抵粗同，不復具載⑦；唯此二條爲異，故詳記之。觀歷既遍，乃遣惠還。復見向所逢比丘，與惠一銅物，形如小鈴，曰：「君還至家，可棄此門外，勿以入室。某年月日，君當有厄。誡慎過此，壽延九十。」時道惠家於京師大桁⑧南，自見來還。達皂莢橋，見親表三人，住車共語，悼惠之亡。至門，見婢，行哭而市。彼人及婢咸弗見也。惠將人門，置向銅物門外樹上，光明舒散，流飛屬天⑨。良久還小，奄爾⑩而滅。至戶，聞屍臭，惆悵惡之。時賓親奔弔，突惠者多，不得徘徊。因進入屍，忽然而蘇。說所逢車人及市婢，咸皆符同。惠後爲廷尉，預西堂聽訟，未及就列，欻然頓悶⑪不識人，半日乃愈。計其時日，即道人所戒之期。頃之，遷爲廣州刺史⑫。元嘉六年卒，六⑬十九矣。（《法苑珠林》卷五五）

①五斗米道，早期民間道教。東漢順帝元年（一四二年），張陵在四川鶴鳴山創立。傳說入道者須交五斗米，因以爲名。又稱天師道。

②太元十五年，西元三九〇年。

③縛錄，綑綁拘捕。

④先身，前身。

⑤「聽事」，《廣記》卷三八二引《廣異記》（？）作「廳事」。按：聽、廳同字。聽事，廳堂，官府治事之所。

⑥宿命，前世的生命。

⑦趙泰事，見本書第五則；屑荷，即劉薩荷，其事見第四六則。

⑧桁，與航通用，浮橋也。大桁，指建康城東南朱雀浮航。晉武帝咸康二年（三三六年）所作。見《六朝事迹類編》卷二。

⑨屬天，連接天際。

⑩奄爾，驟然，倏忽。

⑪頓悶，跌倒昏絕。

⑫《宋書．文帝本紀》：「元嘉五年六月，以江夏內史程道惠爲廣州刺史。」

⑬「六」，《廣記》作「八」。

46.晉沙門慧達，姓劉名薩荷①，西河離石人②也。未出家時，長於軍旅，不聞佛法，尚氣武，好畋獵。年三十一，暴病而死。體尙溫柔，家未殮。至七日而蘇。說云：將盡之時，見有兩人執縛將去。向西北行。行路轉高，稍得平衢，兩邊列樹。見有一人，執弓帶劍，當衢而立。指語兩人，將荷西行。見屋舍甚多，白壁赤柱。荷入一家，有女子美容服，荷就乞食。空中聲言：「勿與之也。」有人從地踴出，執鐵杵，將欲擊之。荷遽走，歷入十許家皆然，遂無所得。復西北行，見一嫗乘車，與荷一卷書。荷受之。西至一家，館宇華整。有嫗坐于戶外，口中虎牙。屋內牀帳光麗，竹席青几。有女子處之。問荷：「得書來不？」荷以書卷與之。女取餘書比之。俄見兩沙門，謂荷：「汝識我不？」荷答：「不識。」沙門曰：「今宜歸命釋迦文③佛。」荷如言發念，因隨沙門俱行。遙見一城，類長安城，而色甚黑，蓋鐵城④也。見人身甚長大，膚黑如漆，頭髮曳地。沙門曰：「地⑤獄中鬼也。」其處甚寒。有冰如石⑥，飛散，著人頭，頭斷，著腳，腳斷⑦。二沙門云：「此寒冰⑧獄也。」荷便識宿命，知兩沙門往維衛佛⑨時，並其師也。作沙彌時，以犯俗罪，不得受戒。世雖有佛，竟不得見從⑩。再得人身：一生羌中，今生晉地⑪。又見從伯，在此獄裡。謂荷曰：「昔在鄴時，不知事佛。見人灌像，聊試學之，而不肯還直⑫。今故受罪。猶有灌福，幸得生天。」次見刀山地獄。次第經歷，觀見甚多。獄獄異城⑬，不相雜廁。人數如沙，不可稱計。楚毒科法⑭，略與經說相符。自荷履踐地獄，示有光景⑮。俄而忽見金色，暉明皎然。見〔一〕⑯人長二丈許，相好嚴華，體黃金色。左右並曰：「觀世〔音〕⑰大士也。」皆起迎禮。有二沙門，形質相類，並行而東⑱。荷作禮畢，菩薩具爲說法，可千餘言，末云：「凡爲亡人設福，若父母兄弟，爰至七世⑲姻媾親戚，朋友路人，或在精舍，或在家中，亡者受苦，即得免脫。七月望日，沙門受臘⑳，此時設供，彌爲勝也。若制器物，以充供養，器器摽題，言爲某人親奉上三寶，福施彌多，其慶逾速。沙門白衣，見身爲過，及宿世之罪，種種惡業，能於衆中，盡自發露，不失事條；勤誠懺悔者，罪即消滅。如其弱顏羞慚，恥於大衆露其過者，可在屏處㉑，默自記說，不失事者，罪亦除滅。若有所遺漏，非故隱蔽，雖不獲免，受報稍輕。若不能悔，無慚愧心，此名：執過不反，命終之後，剋墜地獄。又他造塔及與堂殿，雖復一土一木，若染若碧，率誠供助，獲福甚多。若見塔殿，或有草穢，不加耘除，蹈之而行，禮拜功德，隨即盡矣。」又曰：「經者尊典，化導之津。《波羅蜜經》㉒，功德最勝；《首楞嚴》，亦其次也。若有善人，讀誦經處，其地皆爲金剛㉓，但肉眼衆生，不能見耳。能勤諷持，不墜地獄。《般若》定本㉔，及如來鉢，後當東至漢地。能立一善，於此經鉢，受報生天，倍得功德。」所說甚廣，略要載之。荷臨辭去，謂曰：「汝應歷劫，備受罪報。以嘗聞經法，生歡喜心，今當見受輕報，一過便免。汝得濟活，可作沙門。洛陽、臨淄㉕、建業、鄮陰㉖、成都五處，並有阿育王㉗塔。又吳中兩石像，育王所使鬼神造也，頗得眞相。能往禮拜者，不墮地獄。」語已，東行。荷作禮而別。出南大道，廣百餘步。道上行者，不可稱計。道邊有高座，高數十丈，有沙門坐之。左右僧衆，列倚甚多。有人執筆，北面而立，謂荷曰：「在襄陽時，何故殺鹿？」跪答曰：「他人射鹿，我加創耳。又不噉肉，何緣㉘受報？」時即見襄陽殺鹿之地，草樹山澗，忽然滿目。所乘黑馬，竝皆能言，悉證荷殺鹿年月時日。荷懼然無對。須臾有人以叉叉之，投鑊湯中。自視四體，潰然爛碎。有風吹身，聚小㉙岸邊，忽然不覺，還復全形。執筆者復謂㉚：「汝又射雉，亦嘗殺雁。」言已，又投鑊湯，如前爛法。受此報已，乃遣荷去。入一大城，有人居焉，謂荷曰：「汝受輕罪，又得還生，是福力所扶。而今以後，復作罪不？」乃遣人送荷。〔荷〕㉛遙見故身，意不欲還。送人推引，久久乃附形，而得蘇活。奉法精勤，遂即出家，字曰慧達。太元末，尚在京師。後往許昌，不知所終㉜。（《法苑珠林》卷八六）

①「薩荷」，《續高僧傳》卷二五作「窣和」；南宋思溪藏本《感通錄》卷上作「屑荷」；又卷下作「蘇何」，且云：「蘇何者，稽胡名繭也。」疑薩荷、窣和、屑荷、蘇何，並皆音譯，故其用字無定。

②離石，縣名。在今山西省離石縣。按：薩荷當屬離石山區稽胡種。《周書》卷四九〈異域列傳〉上云：「稽胡，一曰步落稽，蓋匈奴別種，劉元海五部之苗裔焉。或云山戎、赤狄之後。自離石以西，安定以東，方七八百里，居山谷間，種落繁熾。」

③釋迦文，釋迦牟尼(Sākyamuni）之訛略。

④鐵城，地獄之城。《大藏經》中有東晉竺曇無蘭譯《鐵城泥犁經》一卷。

⑤「地」，《自鏡錄》卷上作「此」。

⑥「石」，原作「席」，今據《自鏡錄》校改。

⑦「腳斷」下，《自鏡錄》有「著臂臂斷」四字，語意較完整。

⑧「冰」下，《自鏡錄》有「地」字。

⑨維衛佛，佛名。過去七佛之第一佛。《長阿含經》謂爲毗婆尸佛；《增一阿含經》中《七佛父母姓字經》稱作維衛佛。

⑩「從」下，《自鏡錄》有「此已來」三字，則當屬下讀。

⑪「地」，原作「中」，今據《自鏡錄》校改。

⑫直，同値字。還直，酬價，付錢。

⑬「城」，《自鏡錄》作「域」。

⑭科法，法令。此指宗教戒條。

⑮光景，光亮。

⑯「二」字，據《自鏡錄》引文增入。

⑰「音」字，據《自鏡錄》增入。

⑱「而東」，《自鏡錄》作「東西」。

⑲七世，七代。

⑳臘，佛教戒律規定比丘受戒後，每年夏季三個月安居一處，修習教義。至於信徒於七月十五日獻供於佛，名爲臘佛，即所謂盂蘭盆。

㉑屏處，隱蔽的地方。

㉒《波羅蜜經》，《般若波羅蜜經》之略稱。蓋指鳩摩羅什所譯者。

㉓金剛，指佛的侍從力士，手持金剛杵者。

㉔《般若》定本，未詳所指。或係預言《波羅蜜經》將出現多家譯本，甚至如玄奘所譯之六百卷全本。

㉕臨淄，縣名。在今山東省臨淄縣。

㉖鄮陰，鄮山（在浙江鄞縣之東）北面。山之北曰陰。

㉗阿育王，梵語Asoka，或譯作阿輸迦，意爲無憂王。他係古印度名王旃陀羅笈多之孫。初奉婆羅門教，後皈依佛教，崇立佛教爲國教，並派人到國外傳教，對佛教發展大有貢獻。

㉘何緣，爲什麼。

㉙「小」，《自鏡錄》作「水」。

㉚「謂」，原作「問」，今據《自鏡錄》校改。

㉛「荷」字，據《自鏡錄》增入。

㉜按：《感通錄》卷中〈元魏涼州石像山裂出現緣〉、卷下〈神僧感通錄〉、《續高僧傳》卷三五，並載及劉薩荷事蹟，可參考。

47.晉沙門竺法純，山陰顯義寺①主也。晉元興中，起寺行牆，至蘭渚②買材，路經湖道。材主是婦人，而應共至材所，准許價直，遂與同船俱行。既入大湖，日暮暴風，波浪如山。純船小水入，命在瞬息。念：值行無福，忽遇斯災。又與婦人俱行，其以罔懼，乃一心誦《觀世音經》。俄有大舟，泛流趣純。適時既入夜，行旅已絕。純自惟念：不應有此流船，疑是神力。既而共渡乘之，而此小船，應時即沒。大舟隨波鼓蕩，俄得達岸耳。（《法苑珠林》卷十七）

①山陰，縣名。今浙江省紹興縣。顯義寺，未詳，待考。

②蘭渚，在山陰西南二十五里。渚有蘭亭，王羲之所置，曲水賦詩作序於此。

按：本則所記，與《繫應驗記》、《高僧傳》卷十二、《法華經傳記》諸書互有出入。

48.晉沙門釋開達，隆安二年①登壟採②甘草，爲羌所執。時年大飢，羌胡相噉。乃置達柵中，將食之。先在柵者，有十餘人，羌日夕烹俎，唯達尚存。自達被執，便潛誦《觀世音經》，不懈乎心。及明日當見噉，其晨始曙，忽有大虎，遙逼群羌，奮怒號吼。羌各駭怖迸走③。虎乃前齧柵木，得成小闕，可容人過。已而徐去。達初見虎齧柵，必謂見害。既柵穿而不入，心疑其異，將是觀④音力。計度諸羌，未應便及，即

穿柵逃走，夜行晝伏，遂得免脫。（《法苑珠林》卷十七）

①隆安，晉安帝司馬德宗年號。二年，當西元三九八年。

②「登壟採」，《繫應驗記》作「北上壟掘」，《法華經傳記》卷六作「於北山掘」。

③迸走，四散逃跑。

④「觀」下，《廣記》卷一一〇引《珠林》有「世」字。

49.晉潘道秀，吳郡①人。年二十餘，爲軍糾主，北爲征固②，既而軍小失利。秀竄逸被掠，經數處作奴。俘虜異域，欲歸無因。少信佛法，恆至心念觀世音。每夢寐，輒見像。後既南奔，迷不知道；於窮山中，忽睹眞形，如今行像③。因作禮。禮竟豁然，不覺失之。乃得還路，遂歸本土。後精進彌篤，年垂六十而亡。（《法苑珠林》卷十七）

①吳郡，今江蘇省吳縣。

②「北爲征固」，《廣記》卷一一〇作「嘗隨軍北征」；《繫觀世音應驗記》作「從宋高祖征廣固」。

③行像，西域風俗，每年佛誕生日，莊嚴佛像，載車巡行域內。

按：《繫觀世音應驗記》所記載道秀事，既詳盡而神奇，可參看。

50.晉欒苟，不知何許人也，少奉法，嘗作富平①令。先從征盧循②，值小失利，舫遭火垂盡，賊亦交逼。正在中江，風浪駭目，苟恐怖分盡③，猶誦念觀世音。俄見江中有一人，挺然孤立，腰與水齊。苟心知祈念有感，火賊已切，便投水就之。身既浮涌，腳似④履地。尋而大軍遣船迎接敗者，遂得免濟。（《法苑珠林》卷十七）

①富平，縣名。在今陝西省富平縣附近。

②「盧」，原作「虜」，今據《廣記》一一〇校改。盧循，字于先。娶孫恩妹。及恩作亂，與之通謀。恩死後，餘衆推循爲主。晉安帝義熙中，劉裕北伐慕容超，循乘虛而出，進逼建康；後爲劉裕擊退，投水死。生平見《晉書》卷一〇〇本傳。

③分盡，料想無法活命。

④「似」，原作「以」，今據《大藏經·珠林》校勘記及《廣記》校改。

51.晉沙門釋法智爲白衣時，常獨行，至大澤中，忽遇猛火，四方俱起，走路已絕，便至心禮誦觀世音；俄然火過，一澤之草，無有遺莖者，唯智所處容身①不燒。於是始乃敬奉大法。後爲姚興②將，從征索虜③，軍退，失馬，落在圍裡；乃隱溝邊荆棘叢中，〔唯〕④得蔽頭，復念觀世音，心甚勤至。隔溝遙喚後軍，指令殺之，而軍過搜覓，

輒無見者，遙得免濟。後遂出家。（《法苑珠林》卷十七）

①「處容身」，《廣記》卷一一〇作「容身處」。

②姚興（三六六年—四一六年），字子略，後秦主，萇長子。萇死嗣立，攻敗前秦苻登與西秦乞伏乾歸，又滅後涼，後伐夏敗還。在位二十二年卒。事迹見《晉書》卷一一、卷一一八及《魏書》卷十。

③「索虜」，《繫觀世音應驗記》作「魏虜」。按：姚興於弘始三年（四〇一年）冬十月，帥師侵魏，大敗而歸，當即其事。又南北朝，南朝人稱北朝人爲索虜，亦曰索頭。

④「唯」字，據《繫觀世音應驗記》增補。

52.晉南宮子敖，始平①人也。戍新平城②，爲佛佛③虜兒長樂公④所破，合城數千人皆被誅害。子敖雖分必死，而猶至心念觀世音。既而次至子敖，群刃交下，或高或僻⑤；持刀之人，忽疲懈，四支⑥不隨。爾時長樂公親自臨刑，驚問之，子敖聊爾⑦答云：「能作馬鞍。」乃令原釋。子敖亦不知所以作此言。時後遂得遁逸。造小形像⑧，貯以香函，行則頂戴。（《法苑珠林》卷十七）

①始平，郡名。故治在今陝西省興平縣東南。

②新平城，鮮卑拓跋猗盧所築，在今山西省大同縣西南百里。

③佛佛，五胡夏赫連勃勃之一稱。

④長樂公，當係赫連勃勃封爵，其詳待考。

⑤僻，斥，偏向一邊。

⑥支，同肢字。

⑦聊爾，始且，暫且。

⑧「造小形像」，《廣記》卷一一〇作「乃造一觀音小像」。

53.晉劉度，平原遼城①人也。鄉里有一千餘家，並奉大法，造立形像，供養僧尼。値虜主木末②時，此縣嘗有逋逃，末大怒，欲盡滅一城。衆並兇懼，分必殄盡。度乃潔誠率衆，歸命觀世音。頃之，末見物從空中下，繞其所住屋柱；驚視，乃《觀世音經》。使人讀之，末大歡喜，用③省刑戮。於是此城即得免害。（《法苑珠林》卷十七）

①「遼城」，《廣記》卷一一〇作「聊城」。按：《晉書》卷十四〈地理志上〉平原郡（今山東省平原縣西南）下有聊城縣。

②木末，或以爲即西秦乞伏茂蔓（暮末、木末）；恐其勢力未達山東，今存疑。

③「用」，《廣記》作「因」。

54.晉郭宣之，太原人也。義熙四年①，爲楊思平②梁州③府司馬。楊以輒害范元之等④被法，宣亦同執在獄，唯一心歸向觀世音菩薩。後夕將眠之際，忽親睹菩薩光明照獄。宣瞻覿禮拜，祈請誓願，久之乃沒。俄而宣之獨被恩赦。既釋，依所見形，製造圖像，又立精舍焉。後歷零陵⑤、衡陽，卒官。（《法苑珠林》卷十七）

①義熙四年，西元四〇八年。

②楊思平，弘農華陰（今陝西華陰縣）人，楊佺期之弟。桓玄篡位，思平逃於蠻。劉裕起義始歸國，歷位州郡。晉安帝義熙四年十一月，有罪，棄市。事跡略見《晉書》卷五四〈楊佺期傳〉。

③梁州，州名，晉末僑置。在今四川省昭化縣東南。

④范元之，生平未詳，待考。

⑤零陵，郡名。在今湖南零陵縣。

55.晉新野①庾紹之，小字道覆②，晉湘東太守，與南陽宋協③中表昆弟，情好綢繆。紹元興末④病亡，義熙中，忽見形詣協，形貌衣服，具如平生，而兩腳著械。既至，脫械置地而坐。協問：「何由得顧？」答云：「蹔蒙假歸，與卿親好，故相過也。」協問鬼神之事，紹輒漫略⑤，不甚諧對。唯云：「宜勤精進，不可殺生；若不能都斷，可勿宰牛；食肉之時，無噉物心。」協云：「五臟與肉，乃復⑥異耶？」答曰：「心者，善神之宅也，其罪尤重。」具問親戚，因談世事，末復求酒。協時時餌茱萸酒，因爲設之。酒至，對杯不飲，云：有茱萸氣。協曰：「爲⑦惡之耶？」答云：「下官⑧皆畏之，非獨我也。」紹爲人語聲高壯，此言論時，不異恆日⑨。有頃，協兒邃之來。紹聞屐聲，極有懼色，謂協曰：「生氣見陵，不復得住⑩。與卿三年別耳！」因貫械而起，出戶便滅。協後爲正員⑪郎，果三年而卒。（《法苑珠林》卷九四）

①新野，郡名。在今河南省新野縣南。

②「小字道覆」，《異苑》卷六作「字道遐」。

③「宋協」，《廣記》卷三二一、《異苑》卷六，並作「宗協」。按：宗氏系出南陽，作「宗」是。

④元興，晉安帝年號之一，共三年。元興末，指三年（四〇四年）。

⑤漫略，模糊簡略。

⑥乃復，竟然。復，作語綴，無義。

⑦「爲」，《異苑》作「卿」。

⑧「下官」，《異苑》作「上官」。

⑨恆日，平時，平日。

⑩住，留，停留。

⑪正員，正式編制內的人員，與員外相對。

56.晉沙門釋法安①者，廬山之僧遠法師弟子也。義熙末，陽新縣②虎暴甚盛。縣有大社樹，下有築神廟，左右民居以百數，遭虎死者夕必一兩。法安嘗游其縣，暮投此村，民以懼虎，早閉門閭，且不識法安，不肯受之。法安遙③之樹下，坐禪通夜。向曉，有虎負人而至，投樹之北；見安，如喜如〔驚〕④，跳伏安前。安爲說法授戒，虎據地不動，有頃而去。至旦，村人追死者至樹下，見安大驚，謂其神人，故虎不害。自茲以後，而虎患遂息。衆益敬異，一縣士庶，略皆奉法⑤。後欲畫像山壁，不能得空青⑥；欲用銅青，而又無銅。夜夢人逕其牀前云：「此中有兩銅鐘，便可取之。」安明即掘得，遂以成像。後遠法師鑄像，安送一勸助；餘一，武昌太守熊無患⑦借觀之，遂留不改。（《法苑珠林》卷十九）

①《高僧傳》卷六「義解」科云：「法安，一名慈欽，未詳何許人。」

②「陽新」，《高僧傳》卷六、《佛祖統紀》卷二六，並作「新陽」。按：陽新縣，在今湖北陽新縣西

南。新陽縣，在湖北省京山縣。據下文武昌太守借觀銅鐘一事推之。疑以陽新近是。

③「遙」，《高僧傳》作「徑」。

④「驚」字，據《高僧傳》、《佛祖統紀》增入。

⑤「一縣士庶」句，《高僧傳》作「遂傳之一縣，士庶宗奉，……因改神廟，留安立寺。左右田園皆捨爲衆業」。

⑥空青，孔雀石的一種，隨銅礦生成，球形、中空，翠綠色，可作繪畫顏料。

⑦熊無患，生平不詳，待考。

57.晉①沙門竺曇蓋，秦郡②人也。眞確有苦行，提鉢振錫，行化四輩③。居于蔣山④，常行般舟⑤，尤善神咒，多有應驗。司馬元顯甚敬奉之⑥；衛將軍劉毅⑦聞其精苦，招來姑孰⑧，深相愛遇。義熙五年⑧，大旱，陂湖竭涸，苗稼焦枯，祈祭山川，累旬無應；毅乃請僧設齋，蓋亦在焉。齋畢，躬乘露桁⑩，浮泛川溪，文武士庶，傾州悉行。蓋於中流，焚香禮拜，至誠慷慨，乃讀《海龍王經》⑪。造卷發音，雲氣便起；轉讀將半，沛澤四合；纔及釋軸，洪雨滂注，畦湖必滿，其年以登。劉敬叔時爲毅國郎中令⑫，親豫此集，自所睹見。（《法苑珠林》卷六三）

①「晉」，原作「漢」，今據本文所述人、事等改正。

②秦郡，在今江蘇省六合縣。

③四輩，指僧、尼及在家奉佛的男、女居士。

④蔣山，即鍾山，又名紫金山，在江蘇南京市東北。

⑤般舟，佛家語，般舟三昧之略。〈般舟讚〉云：「梵語名般舟，此翻爲常行道。」

⑥司馬元顯，會稽王司馬道子世子。據《高僧傳》卷十二云：「蓋……爲揚州刺史司馬元顯所敬。」按：元顯於晉安帝隆安三年（三九九年）四月爲揚州刺史，元興元年（四〇二年）三月爲桓玄所害。然則元顯敬奉曇蓋，必在此數年之間。

⑦劉毅，字希樂，沛（今江蘇沛縣）人。以討桓玄功，爲冠軍將軍、兗州刺史。安帝時，累官至衛將軍、開府儀同三司。生平詳《晉書》卷八五本傳。

⑧姑孰，城名。今安徽省當塗縣治。東晉時始築城，其後常爲重鎮。

⑨「熙」，原作「興」。《古小說鉤沈·冥祥記》校語曰：「案：當作義熙」。今從之，改正。義熙五年，當西元四〇九年。

⑩露桁，木排。

⑪《海龍王經》，即《佛說海龍王經》。佛爲海龍王說大乘之深義，以化龍屬。

⑫國郎中令，此指南平郡開國公之屬官。

58.晉向靖，字奉仁，河內人也。在吳興郡，喪數歲女①。女始病時，弄小刀子，母奪取不與，傷母手。喪後一年，母又產一女，女年四歲，謂母曰：「前時刀子何在？」母曰：「無也。」女曰：「昔爭刀子，故傷母手，云何無耶？」母甚驚怪，具以告靖，靖曰：「先刀子猶在不？」母曰：「痛念前女，故不錄②之。」靖曰：「可更覓數箇刀子，合置一處，令女自擇③。」女見大喜，即取先者，曰：「此是兒許④。」父母大小⑤乃知前女審其先身。（《法苑珠林》卷二六）

①「喪數歲女」，《廣記》卷三八七、《類說》卷五，並作「有一女，數歲而亡」。

②錄，採用，取用。

③「擇」，《廣記》、《類說》並作「識」。

④兒許，兒的（刀子）。此處『許』字的意義已經虛化。

⑤大小，猶老少、長幼。

59.晉世沙門僧洪①，住京師瓦官寺②。當義熙十二年時，官禁鎔鑄，洪既發心鑄丈六金像：「像若圓滿，我死無恨。」便即偷鑄。鑄竟，像猶在模，所司收洪，禁在相府③，鎖械甚嚴。心念觀世音④，日誦百遍，便夢所鑄金像往獄，手摩頭曰：「無慮⑤。」其像胸前〔方〕⑥一尺許，銅色燋沸。當洪禁日，感得國家牛馬，不肯人欄，時以爲怪⑦。旬日敕至彭城⑧，洪因放免，像即破模自現。（《辯正論》卷七）

①《高僧傳》卷十三云：「僧洪，豫州人。」按：豫州，晉置，在河南省項城縣東北。

②瓦官寺，在建康城西隅，前瞰江流，後踞崇岡。《高僧傳·安清傳》引曇宗《塔寺記》云：「丹陽瓦棺寺，晉哀帝時沙門慧力所立。」《高僧傳·釋慧力傳》云：「晉興寧中，啓乞陶處以爲瓦官寺。」

③相府，《高僧傳》卷十三謂指相國劉裕府第。

④「觀世音」，《繫觀世音應驗記》、《高僧傳》，並作「《觀世音經》」；《法華經傳記》卷五作「《法華觀世音經》」。

⑤「無慮」，《繫觀世音應驗記》、《法華經傳記》，並作「無所憂也」；《高僧傳》作「無憂」。按：慮，憂心。

⑥「方」字，據諸書增入。按：方，四周圍繞。

⑦「洪禁日」一段，《擊觀世音應驗記》云：「爾日，府參軍應監刑。初喚駕車，而牛不肯入；既入便奔，車即粉碎，遂至暝無監。」

⑧「敕至彭城」，《繫觀世音應驗記》作「有判從彭城還」，《高僧傳》作「有令從彭城來」，《法華經

傳記》作「有敕從彭城還」。

60. 趙①石長和者，趙國高邑②人也。年十九時，病一月餘日亡。家貧，未能及時得殯歛，經四日而蘇。說：初死時，東南行，見二人治道，在和前五十步。和行有遲疾，二人治道亦隨緩速，常五十步。而道之兩邊，棘刺森然，皆如鷹爪，見人甚衆，群走棘中，身體傷裂，地皆流血。見和獨行平道，俱歎息曰：「佛子獨行大道中。」前至，見瓦屋御樓，可數千間。有屋甚高，上有一人，形面壯大，著皂袍四縫③，臨窗而坐。和拜之，閣上人曰：「石君來耶？一別二千餘年。」長和爾時④意中便若憶此別時也。和相識有馬牧孟承夫妻，先死已積年歲，閣上人曰：「君識孟承不？」長和曰：「識。」閣上人曰：「孟承生時不能精進，今恆爲我司掃除之役；孟承妻精進，居處甚樂。」舉手指西南一房曰：「孟妻在此也。」孟妻開窗見和，厚相慰問，遍訪其家中大小安否消息⑤，曰：「石君還時，可更見過，當因附書也。」俄見孟承執箒提箕，自閣西來，亦問家消息。閣上人曰：「聞魚龍超⑥精進爲信，爾何所修行？」長和曰：「不食魚肉，酒不經口，恆轉尊經，救諸疾痛。」閣上人曰？「所傳不妄也。」語久之間，閣上人問都錄⑦主者：「審案石君名錄，勿謬濫也。」主者案錄云：「餘三十年命在。」閣上人曰：「君欲歸不？」和對曰：「願歸。」乃敕主者，以車騎兩吏送之。長和拜辭，上車而歸。前所行道，更有傳館吏民飲食儲跱⑧之具。倏忽至家，惡其屍臭，不欲附之，於屍頭立，見其家亡妹於後推之，踣屍面上，因得蘇活。道人支法山時未出家，聞和所說，遂定入道之志。法山者，咸和⑨時人也。（《法苑珠林》卷七）

①趙，國名。東晉劉曜所建，史稱前趙；石勒所建，稱後趙。此應指後趙而言。
②高邑，縣名。在今河北省柏鄉縣西北。
③「縫」，《辯正論》卷七注引《幽明錄》作「縫腋」。按：縫腋，大袖單衣，古儒士所服。
④爾時，猶言其時、彼時。
⑤《廣記》卷三八三引，無「消息」二字。按：消息，指情況、音訊。
⑥魚龍超，生平不詳，待考。
⑦都錄，猶錄事。
⑧儲跱，指日常或行旅等需用的器物。
⑨咸和，晉成帝司馬衍年號，自西元三二六年至三三四年，共九年。

61.趙沙門單，或作善①，字道開，不知何許人也。別傳②云，燉煌人。本姓孟，少出家，欲窮棲巖谷，故先斷穀食。初進麵，三年後服練松脂，三十年後唯時呑小石子，石子下，輒復斷酒脯雜果。體畏風寒，唯噉椒薑。氣力微弱，而膚色潤澤，行步如飛。山神數試，未曾傾動；仙人恆來，意亦不耐，每齧蒜以卻之。端坐靜念，晝夜不眠。久住枹罕③。石虎建武二年④自西平⑤迎來，至鄴下⑥。不乘舟車，日行七百餘里。過南安⑦，度一童子爲沙彌，年十三四，行亦及開。既至，居於昭德佛圖⑧，服縷麤弊，背胜⑨恆袒。於屋內作棚閣，高八九尺，上織菅爲帳，禪於其中。絕穀七載，常御雜藥，藥有松脂伏苓⑩之氣。善能治目疾，常周行墟野，救療百姓。王公遠近，贈遺累積，皆受而施散，一毫無餘。石虎之末⑪，逆知其亂，乃與弟子南之許昌。升平三年⑫，來至建業，復適番禺⑬，住羅浮山⑭，蔭臥林薄，邈然自怡，以其年七月卒，遺言露屍林裡，弟子從之⑮。陳郡袁彥伯⑯，興寧元年⑰爲南海太守，與弟穎叔⑱登游此岳，致敬其骸，燒香作禮。⑲（《法苑珠林》卷二七）

①《太平御覽》卷七五九引袁彥伯〈羅山疏〉作「善」。

②《隋書·經籍志》史部雜傳類著錄《道人善道開傳》一卷，康泓撰。此處所謂別傳云云，殆即指康氏書。

③枹罕，縣名。今甘肅省臨夏縣。

④「二年」，《高僧傳》卷九〈單道開傳〉作「十二年」。石虎，後趙太祖。建武十二年，西元三四六年。

⑤西平，郡名。今甘肅省西寧縣。

⑥鄴下，即鄴縣。在今河南省臨漳縣西。石虎既立，自襄國（今河北邢台市）遷都於此。

⑦南安，郡名。今甘肅省隴西縣東北。

⑧昭德佛圖，即昭德寺，在河南臨漳縣。

⑨背胜，背部與大腿。

⑩伏苓，即茯苓。菌類植物名。寄生於山林松根，狀如塊球，中醫用以入藥。

⑪「石虎之末」，《高僧傳》作「石虎太寧元年」。按：太寧元年，西元三四九年。

⑫升平，晉穆帝司馬聃年號。三年，當西元三五九年。

⑬番禺，縣名。今廣東省番禺縣。

⑭羅浮山，在廣東省東江北岸。晉葛洪曾於此山修道，道教稱爲第七洞天。

⑮「遺言……」一小段，《高僧傳》作「敕弟子以屍置石穴中，弟子迺移之石室」。《晉書·藝術傳》，同。

⑯袁宏，（三二八年—三七六年），字彥伯，陳郡陽夏（今河南省太康縣）人。有逸才，文章絕美。

生平詳見《晉書·文苑傳》。

⑰興寧，晉哀帝司馬丕年號。元年，當西元三六三年。

⑱穎叔，生平不詳，待考。

⑲按：《太平御覽》卷七五九錄有袁宏〈羅山疏〉；《高僧傳》有贊語。

62.秦①畢覽，東平②人也。少奉法，隨慕容垂③北征，沒虜，單馬逃竄。虜追騎將及，覽至心誦念觀世音；既得免脫，因入深山，迷惑失道，又專心歸④念。中夜，見一道人，法服持錫，示以途徑，遂得還路，安隱至家。（《法苑珠林》卷十七）

①秦，指苻秦。

②東平，郡國名。在今山東省東平縣東。

③慕容垂（三二七年—三九七年），字道明，鮮卑人，慕容皝第五子。東晉孝武帝太元九年（三八四年）自稱燕王，十一年稱帝。事跡詳見《晉書》卷一二三〈慕容垂載記〉。

④「歸」，《廣記》卷一一〇作「持」。

63.秦徐義者，高陸①人也。少奉法，爲苻堅尚書②。堅末，兵革蜂起，賊獲義，將加戮害，乃埋其兩足，編髮於樹。夜中，專念觀世音。有頃得眠，夢人謂之曰：「今事亟③矣，何暇眠乎？」義便驚起，見守防之士，並疲而寢；乃試自奮動，手髮既解，足亦得脫，因而遁去。百餘步，隱小叢草，便聞追者交馳，火炬星陳，互繞此叢，而竟無見者。天明賊散，歸投鄴寺遂得免之。（《法苑珠林》卷十七）

①高陸，縣名。《晉書·地理志上》，京兆郡統縣有高陸。《水經·渭水注》云：「白渠又東，枝渠出焉，東南經高陸縣故城北。《地理志》曰：『左輔都尉治，王莽之千春也。』《太康地記》謂之高陸也。」

②徐義於苻堅末，官拜征東將軍。晉孝武帝太元十年（三八五年）九月，苻丕即位於晉陽，置百官，徐義爲吏部尚書，並封縣公，事載《晉書》卷一一五《苻丕載記》。本條謂義爲苻堅尚書，不正確。

③亟，緊急。

64.宋沙門法稱①，臨終曰：「有嵩山神②告我：『江東劉將軍③，應受天命。吾④以三十二璧一餅〔鎮〕⑤金爲信。』」宋祖⑥聞之，命僧惠義⑦往嵩山，七日七夜行道，夢有一長鬚翁指示；及覺，分明憶所在，掘而得之。⑧（《太平廣記》卷二七六）

①《宋書·符瑞志上》、《高僧傳》卷七「義解」科〈釋慧義傳〉，並云：「冀州有法稱」。

②「神」，原作「人」，今參考《宋書》、《高僧傳》及《廣記》卷一三五引《廣古今五行記》改。

③江東劉將軍，指彭城劉裕。按：晉安帝元興三年（四〇四年）三月，任劉裕鎭將軍、徐州刺史。此後屢次調職，裕皆領有將軍名銜，故云。

④「吾」，原作「並」，今參考《宋書》、《高僧傳》、《廣記》校改。

⑤「鎭」字，依諸書增補。按：鎭金，具有寶鎭作用之黃金。

⑥「宋祖」，《高僧傳》作「宋王」。按：晉安帝義熙十三年（四一七年）十月，詔進宋公（劉裕）爵爲王。此處用「祖」、「王」，皆係追稱。

⑦「惠義」，《宋書》、《廣記》，並作「法義」；《高僧傳》則作「慧義」。按：惠、慧，一般通用不別。再者，據《宋書》、《廣記》，法義（慧義）與轉述法稱臨終語的普嚴係同學，兩人當皆爲法稱弟子。

⑧根據《宋書》、《高僧傳》諸書所載，惠（慧）義在義熙十三年七月，於嵩高廟石壇下獲得二組寶物。

65.宋仇那①跋摩者，齊②言功德鎧，罽賓③王子也。幼而出家，號三藏④法師。宋初，來游中國，宣譯至典甚衆⑤。律行精高，莫與爲比。惠觀⑥沙門欽其風德，要來京師，居於祇洹寺⑦。當時來詣者，疑非凡人，而神味深密，莫能測焉。嘗赴請於鍾山定林寺⑧，時諸道俗多採衆華，布僧席下，驗求眞人⑨。諸僧所坐，華同萎頓，而跋摩席華，鮮榮若初，於是京師歙然增加敬意。至元嘉八年⑩九月十八⑪日卒。都無痾患，但結跏趺坐⑫，斂衽叉手；乃經信宿，容色不變。于時或謂深禪⑬，既而得遺書于筵下，云獲沙門二果⑭，乃知其終。弟子侍側，並聞馨煙。京師赴會二百餘人，其夕轉經，戶外集聽盈階。將曉，而西南上有雲氣勃然，俄有一物⑮，長將一疋⑯，遶屍而去，同集咸睹云。跋未亡時，作三十〔六〕偈⑰以付弟子⑱，曰：「可送示天竺僧也。」（《法苑珠林》卷四二）

①「仇那」，《出三藏記集》卷十四、《高僧傳》卷三、《感通錄》卷下，並作「求那」。按：仇、求，並渠尤切，同音。

②「齊」，《大唐內典錄》卷四、《開元釋教錄》卷五，並作「宋」，《高僧傳》作「此」。

③罽賓，西域國名。唐玄奘《大唐西域記》卷三作「迦濕彌羅」，在印度北部，即今之喀什米爾。

④三藏，經、律、論三者，包藏一切法義，故云。

⑤據《出三藏記集》，跋摩譯出衆經有：《菩薩地》、《曇無德羯磨》、《優婆塞五戒略論》、《三歸及優婆塞二十二戒》。

⑥「惠觀」，《出三藏記集》、《高僧傳》，並作「慧觀」。按：慧觀，清河（河北省清河縣）人，佛馱跋陀羅弟子，晉末宋初，居建康道場寺。著〈辯宗論〉、〈論頓悟漸悟義〉及諸經序等，皆傳於世。生平詳見《高僧傳》卷七。

⑦《高僧傳》卷七〈釋慧義傳〉云：「宋永初元年，車騎范泰立祇洹寺。……後西域名僧，多投止此寺。或傳譯經典，或訓授禪法。」按：永初，宋武帝劉裕年號。元年，當西元四二〇年。

⑧鍾山，今紫金山。定林寺，指定林下寺。按：宋文帝元嘉十二年（四三五年），曇摩蜜多因歎定林寺基構，臨澗低側，於是乘高相地，斬木刊石，營建新寺，是曰上寺。

⑨眞人，佛教稱證得眞理者，即阿羅漢。玄應《一切經音義》卷八：「眞人，是阿羅漢也。或言阿羅訶。經中或言應眞，或作應儀，亦云無著果，皆是一也。」

⑩元嘉八年，西元四三一年。

⑪「十八」，《出三藏記集》、《高僧傳》、《開元釋教錄》，並作「二十八」。

⑫結跏趺坐，略稱跏趺。佛教中修禪者的坐法，可減少妄念，集中思想。

⑬深禪，深妙之禪定。

⑭二果，小乘四果之第二果，梵名斯陀含（Sakrdagami）果，新譯云一來果。

⑮「一物」下，《出三藏記集》、《高僧傳》、《開元釋教錄》，並有「狀若龍蛇」四字。

⑯「疋」，《高僧傳》、《感通錄》、《開元釋教錄》，並作「匹」。按：疋、匹通用。古代以布帛四丈爲

一四。

⑰「六」字，參考《出三藏記集》、《高僧傳》、《開元釋教錄》增補。按：跋摩遺文漢譯，今載《高僧傳》，五言，共一四四句。

⑱《高僧傳》及《開元釋教錄》，並云弟子名阿沙羅。

66.宋陳安居者，襄陽縣①人也。伯父少事巫俗，鼓舞祭祀，神影②廟宇，充滿其宅；父獨敬信釋法，旦夕③齋戒。後伯父亡，無子，父以安居紹焉。安居雖即④伯舍，而理行精求⑤，淫饗之事，廢不復設。於是遂得篤病，而發則爲歌神之曲，迷悶惛僻⑥。如此者彌歲，而執心愈固。常誓曰：「若我不殺之志，遂當虧奪者，必見自臠截四體，乃就其事。」家人並諫之，安居不聽。經積二年，永初元年，病發，遂絕，但心下微暖，家人不斂；至七日夜，守視之者，覺屍足間如有風來，飄衣動衾，於是而蘇，有聲。家人初懼屍蹙⑦，並走避之；既而稍能轉動，未求飲漿。家人喜之，問：「從何來？」安居乃具說所經見，云：初有人若使者，將刀數十〔人〕⑧，呼將去。從者欲縛之，使者曰：「此人有福，未可縛可也。」行三百許里，至一城府，樓宇甚整。使者將至樓⑨處，如局司⑩所居，未有人授紙筆與安居曰：「可疏二十四通死名。」安居即如言，疏名成數通。有一侍從內出，揚聲大呼曰：「安居可入。」既入，稱：有敎付刺姦。獄吏兩人，一云：「與大械。」一云：「此人頗有福，可止⑪三尺械。」疑論不判，乃共視文書，久之，遂與三尺械。有頃，見有貴人，翼從⑫數十，形貌都雅，謂安居曰：「汝那得來？」安居具陳所由⑬。貴人曰：「汝伯有罪，但宜錄治。以先植小福，故蹔得游散⑭，乃敢告訴？吾與汝父，幼少有舊，見汝依然，可隨我共游觀也。」獄吏不肯釋械，曰：「府君無敎，不敢專輒⑮。」貴人曰：「但付我，不使走逸走。」乃釋之。貴人將安居遍至諸地獄，備觀衆苦，略與經文相符。游歷未竟，有傳敎來云：「府君喚安居。」安居茫懼然⑯，求救於貴人，貴人曰：「汝自無罪，但以實對，必無憂也。」安居至閤，見有鉗梏者數百，一時俱進，安居在第三。既至階下，一人服冠冕，立于囚前，讀諸罪簿。其第一者云：昔娶妻之始，夫婦爲誓，有子無子，終不相棄。而其人本是祭酒⑰，妻亦奉道，共化導徒衆，得士女弟子，因而姦之，遂棄本妻，妻常冤訴。府君曰：「汝夫婦違誓大義，不罪二，終罪一也；師資義著在三⑱，而姦之，是父子相淫，無以異也。付法局詳刑！」次讀第二女人辭牒，忘其姓名，云家在南陽冠軍縣⑲黃水里。家安爨器於福竈口，而此婦眠重，嬰兒於竈上匍匐走行，糞汙爨器中。此婦寤已，即請謝神祇，盥洗精熟⑳。而其舅㉑

乃罵詈此婦，言：「無有天道鬼神，置㉒此女人，得行穢污。」司命聞知，故錄送之。府君曰：「眠竈，非過；小兒無知，又已請謝神明，是無罪也。舅詈言無道，誣謗幽靈，可錄之來。」須臾而到，赤官捉。至安居，階下人具讀名牒，爲伯所訴云云。府君曰：「此人事佛，大德人也！其伯殺害無辜，訾誣百姓，罪宜窮治；以昔有小福，故未加罪，伯㉓今復謗訴無辜？」敎㉔催錄取。未及至，而府君遣安居還，云：「若㉕可還去，善成勝業，可壽九十三。努力勉之！勿復更來也。」安居出至閣，局司云：「君可拔卻死名。」於是安居以次抽名既畢，而欲向游貴人所；貴人亦至，云：「知汝無他得還，甚善。努力修功德。吾身福微，不辦㉖生天受報，於此輔佐府君，亦優游富樂，神道之美。吾家在宛㉗，姓某名某，君還爲吾致意：深盡奉法，勿犯佛禁，可具以所見示語之也。」乃以三力士㉘送安居。出門數步，有傳敎送符與安居，謂曰：「君可持此符，經過戍邏以示之，勿輒偸過，偸過有徒謫也。若有水礙，可以此符投水中，即得過也。」安居受符而歸。行久之，阻大江，不得渡。安居依言投符，矇然㉙如眩，乃是其家屋前中方地也。正聞家中號慟哭泣。所送三人，勸還就身，安居聞其㉚身已臭穢，〔曰〕㉛：「吾不復能歸。」此人乃強排之，踣於屍脚上。安居既愈，欲驗黃水婦人，故往冠軍縣尋問，果有此婦。相見依然，如有曩舊㉜，云：「已死得生，舅即以某日而亡。」說所聞見，與安居悉同。受五戒師，字僧昊㉝，襄陽人也，末居長沙，本與安居同里，聞其口說。安居之終，亦親睹，果九十三焉。（《法苑珠林》卷六二）

①襄陽縣，今湖北省襄陽縣。

②神影，神像。

③「旦夕」，《廣記》卷一一三作「恆自」。

④即，就，到。

⑤「求」，《廣記》作「至」。

⑥惛僻，昏亂差錯。

⑦䢩，事物改變原來的位置或脫離靜止狀態。

⑧「人」字，據《廣記》增補。

⑨「樓」，原作「數」，今據《廣記》校改。

⑩局司，指官衙之主事者。

⑪「止」，《廣記》作「只」。按：止、只通用，但也。

⑫翼從，輔佐隨侍。

⑬所由，所自，所從來。

⑭「游散」，《廣記》作「擊散」。

⑮專輒，專斷，專擅。

⑯「茫懼然」，《廣記》作「惶懼」。

⑰祭酒，道教組織中骨幹的職稱。

⑱三，指君、父、師。

⑲冠軍縣，在今河南省鄧縣。

⑳「熟」，《廣記》作「潔」。

㉑舅，稱夫之父，即公公。

㉒「置」，《廣記》作「致」。

㉓「伯」，《廣記》作「耳」，屬上讀。

㉔「敎」，《廣記》作「敕」。

㉕若，汝，你。

㉖不辦，辦不到，不能。

㉗宛，縣名。今屬河南省南陽縣。

㉘「力士」，《大藏經·珠林》校勘記云：「手力　宋」，亦即南宋思溪藏作「手力」；《廣記》則作「人力士」。按：力士、手力、人力，並指差役而言。

㉙曚然，昏暗的樣子。

㉚「聞其」，原作「之」，今據《廣記》校改。

㉛「曰」字，據《廣記》增補。

㉜曩舊，指久交之情。

㉝僧昊，生平欠詳，待考。

67. 宋沙門僧規者，武當①寺僧也。時京兆張瑜②於此縣，常請僧規在家供養。永初元年十二月五日，無痾③忽暴死，二日而蘇愈。自說云：五日夜二更中，聞門巷間曉曉④有聲，須臾，見有五人，炳炬火，執信旛，逕來入屋，叱咀僧規。規因頓臥怳然，五人便以赤繩縛將去。行至一山，都無草木，土色堅黑，有類石鐵；山側左右，白骨塡積。〔過〕⑤山數十里，至三岐路。有一人，甚長壯，被鎧執杖，問五人：「有幾人來？」答：「政⑥一人耳！」五人又將規入一道中，俄至一城外，有屋數十，築壞爲之。屋前有立木，長十餘丈，上有鐵梁，形如桔槔⑦；左右有匱，貯土。土有品數，或有十斛形，亦如五升大者。有一人，衣幘並赤，語規曰：「汝生世時，有何罪福？依實說之，勿妄言也。」規惶怖未答。赤衣人〔語一人〕⑧如局吏，云：「可開簿，檢其罪福也。」有頃，吏至長木下，提一匱土，懸鐵梁上稱之，如覺低昂。吏謂規曰：「此稱量罪福之秤也。汝福少罪多，應先受罰。」俄有一人，衣冠長者，謂規曰：「汝沙門也，何不念佛？我聞悔過，可度八難⑨。」規於是一心稱佛。衣冠人謂吏曰：「可更爲此人稱之。既是佛弟子，幸⑩可度脫。」吏乃復上匱稱之，秤乃正平。既而將規至監官前辯之。監官執筆觀簿，遲疑⑪久之。又有一人，朱衣玄冠，佩印綬，執玉板，來，曰：「算簿上未有此人名也。」監官愕然，命左右收錄云⑫。須臾，見反縛向〔者〕⑬五人來，監官曰：「殺鬼，何以濫將人來？」乃鞭之。少頃有使者稱：「天帝⑭喚道人來。」既至帝宮，經見踐歷，略皆金寶，精光晃昱⑮，不得凝視。帝左右朱衣寶冠，飾以華珍。帝曰：「汝是沙門，何不勤業，而爲小鬼橫收捕也？」規稽首諸佛，祈恩請福。帝曰：「汝命未盡，今當還生；宜勤精進，勿屢游白衣家！殺鬼取人，亦多枉濫，如汝比⑯也。」規曰：「橫濫之危，當以何方而濟免之？」帝曰：「廣設福業，最爲善也；若不辦爾⑰，可作八關齋；生免橫禍，死離地獄，亦其次也。」語畢，遣規去。行還未久，見一精舍，大有沙門，見武當寺主白法師、弟子慧進⑱皆在焉，居宇宏整，資待自然。規請欲居之，有一沙門曰：「此是福地，非君所得處也。」使者將規還至瑜家而去。（《法苑珠林》卷八三）

①武當，縣名。故址在今湖北省均縣北。
②張瑜，生平不詳，待考。
③痾，疾病。
④嘵嘵，吵嚷、嘮叨。
⑤「過」字，據《自鏡錄》卷上增補。
⑥「政」，《自鏡錄》作「正」。按：政、正通用，只、不過。
⑦桔槔，井上汲水的工具。
⑧「語一人」，據《自鏡錄》增補。
⑨八難，謂見佛聞法有障難八處；又名八無暇，謂修道業無閒暇。說詳《維摩經天台疏》卷三。
⑩幸，正好，恰巧。
⑪「遲疑」下，《自鏡錄》有「不決」二字；「久之」屬下讀。
⑫「云」，《自鏡錄》作「云云」。
⑬「者」字，據《自鏡錄》增補。
⑭「天帝」下，《自鏡錄》有「命」字。
⑮昱昱，明亮，輝煌。
⑯比，類也，例也。如汝比，如你一樣（一類）。

⑰爾，如此，這樣。

⑱白法師、慧進二人，生平不詳，待考。

68.何澹之，東海①人，宋大司農。不信經法，多行殘害。永初中，得病，見一鬼，形甚長壯，牛頭人身，手執鐵叉，晝夜守之。憂怖屛營②，使道家作章符印錄③，備諸禳絕，而猶見如故。相識沙門慧義④，聞其病往候。澹之爲說所見，慧義曰：「此是牛頭阿旁⑤也。罪福不昧，唯人所招，君能轉心向法，則此鬼自消。」澹之迷很⑥不革，頃之遂死。（《法苑珠林》卷八三）

①東海，郡名。治所在郯（今山東郯城北）。

②屛營，恐怖，徬徨。

③錄，通籙，指道教的秘文。

④慧義（三七二年—四四四年），北地人，本姓梁氏，宋建康祇洹寺主。生平詳《高僧傳》卷七。

⑤牛頭阿旁，亦云牛頭阿傍、牛首阿旁，佛教謂地獄中的鬼卒。《佛說五苦章句經》：「獄卒名阿旁，牛頭人手，兩脚牛蹄，力壯排山。」

⑥迷很，昏惑凶狠。

69.宋沙門竺慧熾，新野①人，住在江陵四層寺②。永初二年卒，弟子爲設七日會③。其日將夕，燒香竟，道賢④沙門因往視熾弟子，至房前，忽曖曖⑤若人形，詳視，乃慧熾也，容貌衣服，不異生時。謂賢：「君且食肉，美不？」賢曰：「美。」熾曰：「我坐食肉，今生餓狗地獄⑥。」道賢懼讋⑦，未及得答，熾復言：「汝若不信，試看我背後。」乃迴背示賢。見三黃狗，形半似驢，眼甚赤，光照戶內，狀欲嚙熾而復止。賢駭怖悶絕，良久乃蘇。具說其事。（《法苑珠林》卷九四）

①新野，郡名。在今河南新野縣。

②江陵，縣名。在今湖北省江陵縣。四層寺，未詳，待考。

③七日會，俗云頭七。人死亡後，每七日營齋，修佛事而追薦之，通稱齋七。

④道賢，生平不詳，待考。《廣記》卷三二四引《異苑》，作「僧明」。

⑤「曖曖」，《自鏡錄》卷下作「曖」。按：曖，昏暗，朦朧之意。曖曖，迷濛隱約的樣子。

⑥餓狗地獄，佛經所羅列六十四地獄中第三十五之名稱。《經律異相》卷五〇引《問地獄經》云：
「三十五曰惡狗。多諸惡狗，牙利如劍，獄鬼喚狗，競共嚙之。」

⑦「懼讋」，《自鏡錄》作「驚悚」。按：懼讋、驚悚，並畏懼、驚怕之意。

70.晉王練，字玄明，瑯琊人也，宋侍中①。父珉，字季琰，晉中書令②。相識有一梵③沙門，每瞻珉風采，甚敬悅之，輒語同學云：「若我後生④得爲此人作子，於近願亦足矣。」珉聞而戲之曰：「法師才行，正可爲弟子子耳！」頃之，沙門病亡；亡後歲餘，而練生焉。始能言，便解外國語；及絕國⑤之奇珍，銀器珠貝，生所不見，未聞其名，即而名之，識其產出；又自然⑥親愛諸梵，過於漢人。咸謂沙門審其先身，故珉字之曰阿練⑦，遂爲大名云云。（《法苑珠林》卷二六）

①王練，王導之曾孫。宋文帝元嘉中，歷任侍中，度支尚書。事跡附見《宋書·王弘傳》。

②王珉（三五一—三八八年），洽子，小字僧彌。有才藝，善行書。歷著作、國子博士、侍中，代王獻之爲中書令，時謂「小令」。生平附見《晉書·王導傳》。

③「梵」，《廣記》卷三八七、《類說》卷五，並作「胡」。下同。

④後生，來生，下一輩子。

⑤絕國，極其遼遠之邦國。

⑥自然，天生。

⑦阿練，蓋爲阿練兒（Ārinya）之略。慧琳《一切經音義》卷十四：「阿練兒，舊云阿蘭若。唐云寂靜處也。」按：阿蘭若，指比丘所住之寺院。

按：唐陳子良《辯正論》卷七〈信毀交報篇〉注引《冥祥記》，文字與《珠林》等所載頗有異同，今迻錄於左，以供參閱。

△瑯琊王珉，其妻無子，常祈觀音乞兒。珉後行路，逢一胡僧，意甚悅之。僧曰：「我死，當爲君子。」少時，道人果亡。三月間，珉妻有娠。及生能語，即解西域十六國音。大聰明，有器度，即晉尚書王淵明身也，故小名阿練。叙前生時，事事有驗。

71. 宋①孫道德，益州②人也，奉道祭酒。年過五十，未有子息。居近精舍。景平③中，沙門謂〔道〕④德：必願有兒，當至心禮誦《觀世音經》，此可冀也。德遂罷不事道，單心⑤投誠，歸⑥觀世音。少日之中而有夢應，婦即有孕，遂以產男也。（《法苑珠林》卷十七）

①「宋」，原作「晉」，今據《廣記》卷一一〇校正。

②益州，郡名。故治在今四川省建寧縣東。

③景平，宋少帝劉義符年號，僅一年，即西元四二三年。

④「道」字，據《廣記》補入。

⑤「單心」，《廣記》作「丹心」。按：單心、丹心，並形容誠信懇切之意。

⑥「歸」下，《廣記》有「誦」字。

72.宋齊僧欽者，江陵人也，家門奉法。年十許歲時，善相占云：「年不過三六①。」父母兄弟甚爲憂懼，僧欽亦增加勤敬，齋戒精苦。至年十七，宋景平末，得病危篤，家齋祈彌勵，亦淫祀②求福，疾終不愈。時有一女巫云：「此郎福力猛盛，魔魍③所不能親，自有善神護之；然病久不差，運命或將有限。世有探命之術，少事天神，頗曉其數，當爲君試效之。」於野中設酒脯之饋，燒錢④。經七日七夕，云：「始有感見。見諸善神方爲此郎祈禱，蒙益兩算矣，病必得愈，無所憂也。」僧欽於是遂差，彌加精至，其後二十四年而終。如巫所言，則一算十二年矣。（《法苑珠林》卷六二）

①三六，謂一十八。

②淫祀，妄濫不當的祭祀。

③魔魍，魔鬼魍魎。

④「燒錢」下，原有「然燈。或如寢寐，須臾復興，夕中一兩如此。」十六字，今據《大藏經·珠林》校勘記刪。

73.宋永初①中，有黃龍②沙彌曇無竭③者，誦《觀世音經》，淨修苦行。與諸徒屬④二十五人，往尋佛國，備經荒險，貞志彌堅。既達天竺舍衛⑤，路逢山象一群。竭齎經誦念，稱名歸命，有師子⑥從林中出，象驚奔走。後有野牛一群，鳴吼而來，將欲加害，竭又如初歸命，有大鷲飛來，牛便驚散，遂得剋免。（《法苑珠林》卷六五）

①「永初」，原作「元嘉初」，今參考《出三藏記集》卷十五、《高僧傳》卷三、《大唐內典錄》卷十、《法華經傳記》卷四、《開元釋教錄》卷五校改。

②黃龍，郡國名。五胡十六國之北燕都龍城，宋稱黃龍國。在今熱河省朝陽縣。

③《出三藏記集》云：「釋法勇者，胡言曇無竭，本姓李氏。」

④《出三藏記集》、《高僧傳》，並謂招集同志沙門僧猛、曇朗之徒。

⑤舍衛，古國名。在中印度境。其國有祇園精舍，爲釋迦牟尼說法處之一。

⑥師子，即獅子。

74.宋魏世子者，梁郡①人也。奉法精進，兒女遵修，唯婦迷閉②，不信釋教。元嘉初，女年十四病死，七日而蘇。云：「可安施高座，幷《無量壽經》③。」世子即爲具設經座。女先雖齋戒禮拜，而未嘗看經，今即升座轉讀，聲句清利。下啓父言：「兒死便往無量壽國，見父兄及己三人，池中已有芙蓉大華⑤，後當化生其中；唯母獨無，

不勝此苦乃心⑥，故歸啓報。」語竟復絕。母於是篤敬信法教⑦。（《法苑珠林》卷十五）

①梁郡，在今河南省夏邑縣。

②「迷閉」，《廣記》卷一一四作「迷執」。按：「閉」，當作「悶」。迷、悶爲同義複詞，指無知覺，昏亂不明。又迷執，猶言執迷不悟。

③《無量壽經》，二卷，曹魏康僧鎧譯。淨土三部經之一。此經說無量壽佛之因地修行，果滿成佛，國土莊嚴，攝受十方唸佛衆生往生彼國等事，該括無遺。

④「今」字，據《廣記》增入。

⑤芙蓉華，即蓮華（花）。淨土信仰謂無量壽國水池。上有華葉垂布，香氣普熏的青、紅、黃、白四種蓮華。說見《無量壽經》卷一。

⑥乃心，思念，懷念。

⑦「敎」字，據《廣記》及《佛祖統紀》卷二八增入。

75.宋張興者，新興①人也。頗信佛法，嘗從沙門僧融、曇翼②時受八戒。興常爲劫③所引，夫得走逃，妻坐繫獄，掠笞積日。時縣失火，出囚路側，會融、翼同行，經過囚邊；妻驚呼：「闍梨④何以賜救？」融曰：「貧道力弱，無救如何？唯宜勤念觀世音，庶獲免耳。」妻便晝夜祈念，經十許日，於夜，夢一沙門，以腳蹈之曰：「咄咄⑤，可起！」妻即驚起，鉗鎖桎梏，摧然俱解。便走趣⑥戶，戶時猶閉，警防殊嚴；既無由出，慮有覺者，乃還著械。尋復得眠，又夢向沙門曰：「戶已開矣！」妻覺而馳出，守備者並已惛睡，妻安步而去。時夜甚闇，行可數里，卒值一人，妻懼躃⑦地，已而相訊，乃其夫也。相扶悲喜，夜投僧翼，翼藏匿之，遂得免。時元嘉初也。

（《法苑珠林》卷十七）

①新興，郡名。在今湖北省江陵縣。

②僧融，九江廬山東林寺僧，篤志汎博，遊化己任。行事載《續高僧傳》卷二五「感通」。曇翼，生平不詳；或即《高僧傳》卷十三之釋僧翼，待考。

③「刼」，《廣記》卷一一〇作「刼賊」。按：刼，指盜賊，刼匪。

④闍梨，梵語阿闍梨(acarya)的省稱，意謂高僧。

⑤咄咄，感歎聲。

⑥趣，同趨，向，往前。

⑦躃，仆倒。

76.宋唐文伯，東海贛榆①人也。弟好蒲博②，家資都盡；村中有寺，經過人或以錢上佛，弟屢竊取。久後病癩，卜者云：「祟由盜佛錢。」父怒曰：「佛是何神，乃令我兒致此？吾當試更虜奪③，若復能病，可也。」前縣令何欣之④婦，上織成⑤寶蓋帶四枚，乃盜取之，以爲腰帶。不盈百日，復得惡病，發瘡之始，起腰帶處。世時在元嘉年初爾。（《法苑珠林》卷七九）

①「贛」，原作「戇」，今據《廣記》卷一一六校改。按：贛榆，縣名。故治在今江蘇省贛榆縣東南。

②蒲博，古代的一種博戲。此泛指賭博。

③虜奪，掠取搶奪。

④何欣之，生平不詳，待考。

⑤織成，以彩絲及金縷交織出花紋圖案的名貴絲織品。

77.宋沙門釋道冏，扶風好時①人也，本姓馬氏，學業淳粹，弱齡有聲。元嘉二年②九月，在洛陽爲人作普賢③齋。道俗四十許人，已經七日，正就中食，忽有一人，褲褶④乘馬，入至堂前，下馬禮佛；冏謂常人，不加禮異。此人登馬揮鞭，忽失所在，便見赤光，赫然竟天，良久而滅。後三年十二月，在白衣家復作普賢齋。將竟之日，有二沙門，容服如凡，直來禮佛。衆中謂是庸僧，不甚尊仰，聊問：「何居？」答曰：「住在前村。」時衆白衣有張道⑤，覺其有異，至心禮拜。沙門出門，行可數十步，忽有飛塵，直上衝天，追目此僧，不復知所。冏以七年與同學來游京師。時司空何尚之⑥始構南澗精舍⑦，冏寓居焉。夜中忽見四人乘一新車，從四人傳教⑧，來在屋內，呼與共載。道冏驚其夜至，疑而未言，因眼閉，不覺昇車。俄而至郡後沈橋⑨，見一貴人，著帢被箋布單衣，坐床纛繖⑩，形似華蓋，鹵簿從衛可數百人，悉服黃衣。見冏，驚曰：「行般舟道人，精心遠詣，旨⑪欲知其處耳！何故將來？」即遣人引送冏還。至精舍門外，失所送人，門閉如故。扣喚久之，寺內諸僧咸驚相報告，開門內之。視所住房戶，猶故⑬關之。（《法苑珠林》卷十七）

①好時，縣名。在今陝西省乾縣東南四十里。

②元嘉二年，西元四二五年。

③普賢，佛教菩薩名，也譯爲遍吉。與文殊菩薩並稱爲釋迦牟尼佛之二脇侍。

④褲褶，服裝名。上穿褶（寬袖衣），下著褲，外不加裘裳，故云。

⑤張道，生平不詳。

⑥何尚之（三八二年—四六〇年），字彥德，廬江灊（今安徽霍山縣）人。雅好文義，立身簡約。

宋孝武帝大明四年，卒，追贈司空。生平詳《宋書》卷六六本傳。

⑦南澗精舍，即南澗寺，其詳待考。

⑧傳教，指傳達教令的使者。

⑨沈橋，其址未詳，待考。

⑩繖，覆蓋著傘幄。按：繖，傘之古字。

⑪「旨」，《高僧傳》卷十二、《弘贊法華傳》卷一，並作「止」。按：止，只，但。

⑫猶故，仍然。猶、故，同義複詞。

78.宋李旦，字世則，廣陵①人也。以孝謹質素，著稱鄉里。元嘉三年，正月十四日，暴病，心下不冷，七日而蘇，唅②以飲粥，宿昔復常。云：有一人，持信旛來至床頭，稱：「府君教喚。」旦便隨去。直北向行，道甚平淨。既至，城閣高麗，似今宮闕，遣傳教慰勞，問③呼：「旦可前！」至大廳事上，見有三十人，單衣青幘，列坐森然。一人東坐，披袍隱④几，左右侍衛，可有百餘，視旦而語坐人云：「當示以諸獄，令世知也。」旦聞言已，舉頭四視，都失向處，乃是地獄中。見群罪人，受諸苦報，呻吟號呼，不可忍視。尋有傳教，稱：「府君信：君可還去，當更相迎。」因此而還。至六年正月復死，七日又活，述所見事，較略如先。或有罪囚寄語報家，道生時犯罪，使爲作福，稱說姓字，親識鄉伍⑤。且依言尋求，皆得之。又云：「甲申年⑥當行癘，殺諸惡人。佛家弟子，作八關齋，修心善行，可得免也。」且本作道家祭酒，即欲棄籙。本法道民諫制，故遂兩事，而常勸化，作八關齋。（《法苑珠林》卷六）。

①廣陵，郡名。在今江蘇省江都縣附近。

②唅，通含。此指餵食。

③《廣記》卷三八二引《珠林》，無「問」字。

④隱，憑靠。

⑤鄉伍，猶鄉里。

⑥甲申年，當指元嘉二十一年（四四四年）。

79.宋尚書僕射滎陽①鄭鮮之②，元嘉四年，從大駕巡京，至都，夕暴亡③，乃靈語著人曰：「吾壽命久盡，早應過世，賴比歲來敬信佛法，放生布施，以此功德，延駐數年耳。夫幽顯報應，有若影響④，宜放落俗務，崇心大敎。」于時勝貴多皆聞云。（《法苑珠林》卷六）

①滎陽，郡名。今河南省滎陽縣。

②鄭鮮之（三六四年—四二七年），字道子。爲人通率。隱厚篤實，贍卹親故。宋武帝時歷任都官尚書、豫章太守。元嘉三年，爲尚書右僕射。四年，卒。生平詳見《宋書》卷六四本傳。

③《宋書》卷五〈文帝本紀〉：「（元嘉）四年，二月乙卯，行幸丹徒，謁京陵。三月丁亥，車駕還宮。戊子，尚書右僕射鄭鮮之卒。」

④影響，影之隨形，響之隨聲。用以比喻善惡、禍福報應不虛。

按：《宣驗記》亦載鄭氏奉法，遂獲延長年壽事，略有異同，可參看。

80.宋周宗者，廣陵郡①人也。元嘉七年，隨到彥之②北伐。王師失利，與同邑六人，逃竄間行③。於彭城北。遇一空寺，無有僧徒，中有形像，以水精④爲相，因共竊取，出村貿⑤食。其一人羸病，等輩輕之，獨不得分。既各還家，三四年中，宗等五人，相繼病癩而死；不得分者，獨獲全免。（《法苑珠林》卷七九）

①「郡」字，原作「肥如」，今據《廣記》卷一一六校改。按：肥如縣，在河北省盧龍縣北，漢屬遼西郡。

②元嘉七年，西元四三〇年。「到」，原作「劉」，今據《廣記》卷一一六、《大明仁孝皇后勸善書》卷十九校改。按：到彥之，字道豫，彭城武原人。元嘉七年三月，督軍出伐北魏。十一月，將士

疾疫，棄守滑臺，奔退至彭城。彥之下獄，免官。事見《南史》卷二五〈到彥之傳〉。

③間行，潛行，微行。

④「精」，《廣記》、《大明仁孝皇后勸善書》，並作「晶」。

⑤貿，交易，買賣。

81.宋①順陽②郭銓，字仲衡，晉益州刺史。〔義熙③初，以黨附桓玄被殺。〕④亡後三十⑤餘載，元嘉八年，忽見形詣女婿南郡劉凝之⑥家，車衛甚盛，謂凝之曰：「僕有謫事，可見爲作四十僧會，當得免也。」言終不見。劉謂是魍魎，不以在意。後夕，銓又與女夢言：「吾有謫罰，已告汝婿，令爲設會。〔何以至今〕⑦，不能見矜耶？」女晨起，見銓從戶過，怒言：「竟不能相救？今便就罪。」女號踊留之，問：「當何處設齋？」答云：「可歸吾舍。」倏然復沒。凝之即狼狽⑧供辦。會畢，有人稱銓信⑨，與凝之相聞，言：「感君厚惠，事始獲宥。」言已失去，於是而絕。（《法苑珠林》卷九二）

①「宋」下，《古小說鉤沈·冥祥記》魯迅按語云：「案：宋當作晉。《廣記》引，無。」

②順陽，郡名，晉置。在今湖北省光化縣之北。

③義熙，晉安帝司馬德宗年號。自西元四〇五年至四一八年，共十四年。

④「義熙……」二句，據《廣記》卷三二四增補。按：安帝元興三年（四〇四年），劉毅與桓玄戰於崢嶸洲，玄衆大潰，郭銓歸降。義熙元年一月，誅玄同黨，銓當在其中。參見《晉書·桓玄傳》。

⑤「三十」，《辯正論》卷八注引《宣驗記》作「二十」。按：自義熙元年至元嘉八年，前後二十七年。《宣驗記》，是。

⑥「郡」，原作「陽」，今參考《宋書》卷九三、《南史》卷七五改正。按：劉凝之（三九〇年—四四八年），字志安，南郡枝江（今湖北省枝江縣）人。有德行。州辟舉，皆不就；文帝元嘉初，徵爲秘書郎，不就。二十五年，卒。生平見《宋書·隱逸列傳》、《南史·隱逸列傳上》。

⑦「何以至今」四字，據《廣記》增補。

⑧狼狽，匆遽，慌忙。

⑨信，使者，送信人。

82.宋司馬文宣，河內①人也，頗信佛法。元嘉九年，丁母艱②、弟喪。月望③旦，忽見其弟身形於靈座上，不異平日，迴遑歎嗟，諷求飲食。文宣乃試與言曰：「汝平生時④修行十善⑤，若如經言，應得生天，若⑥在人道，何故乃生此鬼中耶?」沈吟俯仰，默然無對。文宣即夕夢見其弟云：「生所修善，蒙報生天；旦靈床之鬼，是魔魅耳，非某⑦身也。恐兄疑怪，故詣以白兄。」文宣明旦請僧轉《首楞嚴經》，令人撲繫之，鬼乃逃入床下，又走戶外，形稍醜惡。舉家駭懼，叱詈遣之。鬼云：「餓乞食耳！」積日乃去。頃之，母靈床頭有一鬼膚體赤色，身甚長壯。文宣長息⑧孝祖與言，往反答對周悉⑨。初雖恐懼，末稍安習之；鬼亦轉相附狎，居處出入，殆同家人。於時京師傳相報告，往來觀者，門巷疊跡。時南林寺⑩有僧與靈味寺僧含⑪沙門，與鬼言論，亦甚款曲⑫。鬼云：「昔世嘗爲尊貴，以犯衆惡，受報未竟，果此鬼身。去⑬寅年有四百部鬼，大行疾癘，所應鍾災⑭者，不忤⑮道人耳；而犯橫極衆，多濫福善，故使我來監察之也。」僧以食與之，鬼曰：「我自有糧，不得進此食也。」含曰：「鬼多知！我生何來，何因作道人？」答曰：「人中來。出家因緣，本誓願也。」問諸存亡生死所趣，略皆答對；具有靈驗。條次繁多，故不曲載。含曰：「人鬼道殊，汝既不求食，何爲久留？」鬼曰：「此間有一女子，應在收捕，而奉戒精勤，故難可得。比日⑯稽留，用此故也。藉亂⑰主人，有愧不少。」自此已後，不甚見形；後往視者，但聞語耳。時元嘉十年也。至三月二十八日，語文宣云：「暫來寄住，而汝傾家營福，見畏如此，那得久留？」孝祖云：「聽⑱汝寄住，何故據人先亡靈筵耶？」答曰：

「汝家亡者，各有所屬；此座空設，故權寄耳。」於是辭去。（《法苑珠林》卷六）⑲

①河內，郡名。在今河南省沁陽縣附近。
②望，月滿之名。月大十六日，小十五日。
③「艱」，原作「難」，今據《廣記》卷三二五校改。丁艱，即丁憂。丁母艱，謂逢母親喪事。
④「時」，《廣記》作「勤」。
⑤十善，不犯十惡（殺生、偷盜、邪淫、妄語、兩舌、惡口、綺語、貪欲、瞋恚、邪見）之謂。
⑥「若」，《廣記》作「或」。按：若，或者。
⑦「某」，原作「其」，今據《廣記》校改。
⑧長息，長子。息，兒子。
⑨周悉，周到詳盡。
⑩南林寺，在建康，晉陵公主爲釋法業所起。見《高僧傳》卷七。
⑪釋僧含，不知何許人。通佛義，數論兼明。元嘉七年，新興太守陶仲祖於京師立靈味寺。欽含風軌，請以居之。事見《高僧傳》卷七本傳。
⑫款曲，周詳。
⑬「去」，《廣記》作「云」。
⑭「鍾」，《廣記》作「罹」。按：鍾，當，遭逢。

⑮忤，獨犯，干擾。

⑯比日，近日，近來。

⑰藉亂，騷擾。

⑱聽，任，隨。

⑲《珠林》卷六引本則，注出《冥報記》；《廣記》卷三二五引錄，亦同。魯迅《古小說鉤沈》，將之輯入《冥祥記》，可從。

按：《宋書》卷五八、《南史》卷二十〈謝弘微傳〉，載元嘉十年，有一長鬼寄司馬文宣家，云受遣殺弘微。弘微疾增劇，輒豫告文宣。弘微既死，與文宣分別而去。當係傳聞異詞，足供參照。

83.宋何曇遠，廬江人也。父萬壽，御史中丞。遠奉法精至，持菩薩戒①。年十八，元嘉九年，丁父艱，哀毀致招疾，殆將滅性②，號踊之外，便歸心淨土③，庶祈感應。遠時請僧，常有數人，師僧含亦在焉。遠常向含悔懺宿業④，恐有煩緣，終無感徵⑤，僧含每〔加〕⑥獎勵，勸以莫怠。至十年二月十六日夜，轉經竟，衆僧已眠；四更中，忽自唱言歌誦。僧含驚而問之，遠曰：「見佛身黃金色，形狀大小，如今行像。金光周身，浮焰丈餘，旛華翼從，充牣虛空，瓌妙麗極，事絕言稱。」遠時住西廂中，云：「佛自西來，轉身西向，當宁⑦而立，呼令⑧速去。」曇遠常日羸喘，示有氣息，此夕壯厲，悦樂動容，便起淨手⑨。含布香手中，并取園華，遙以散佛。母謂遠曰：「汝今若去，不念吾耶？」遠無所言，俄而頓卧。家既宿信，聞此靈異，既皆欣肅，不甚悲懼。遠至五更，忽然而終，宅中芬馨，數日乃歇。（《法苑珠林》卷十五）

①菩薩戒，大乘菩薩僧所持之戒律，總名三聚淨戒。

②滅性，謂因喪親過哀而毀滅生命。

③淨土，一名佛土。多指西方阿彌陀佛淨土。

④宿業，謂過去世所作善惡業因。

⑤「徵」，原作「徹」，今據《廣記》卷一一四校改。

⑥「加」字，據《廣記》增入。

⑦宁，古代宮室門屏之間。

⑧「令」，原作「其」，今據《廣記》校改。

⑨淨手，洗手。

84.宋尼釋智通，京師簡靜①尼也。年貌姝少，信道不篤。元嘉九年，師死罷道，嫁爲魏郡②梁群③甫妻。生一男，年大七歲，家甚窮，貧無以爲衣。通爲尼時，有數卷素《無量壽》、《法華》等，悉練擣④之，以衣其兒。居一年，而得病，恍惚驚悸，竟體剝爛，狀若火瘡⑤。有細白蟲，日去升餘，燥痛煩毒，晝夜號叫。常聞空中語云：「壞經爲衣，得此劇報。」旬餘而死。（《法苑珠林》卷十八）

①簡靜，寺名。晉會稽王司馬道子於晉孝武帝太元十年（三八五年）爲妙音尼所立。

②魏郡，在今河南省臨漳縣。

③「群」，《法華經傳記》卷九、《自鏡錄》卷上，並作「羣」。

④練擣，洗滌舂搗。

⑤火瘡，即燒傷，又名湯潑火燒。

85.宋命氏二女，東官曾城①人也，是時祖②姊妹。元嘉九年③，姊年十歲，妹年九歲，里越④愚蒙，未知經法。忽以二月八日，並失所在；三日而歸，粗說見佛⑤。九月十五日又失，一旬還，作外國語，誦經及梵書，見西域沙門，便相開解⑥。明年⑦正月十五日，忽復失之，田間作人云：見其從風，徑飄上天。父母號懼，祀神求福。既而經月乃返，剃頭爲尼，被服法衣，持髮而歸。自說：見佛及比丘尼，曰：「汝宿世因緣，應爲我弟子。」舉手摩頭，髮因墮落；與其法名：大曰法緣，小曰法綵。臨遣還，曰：「可作精舍，當與汝經法也。」女既歸家，即毀除鬼座⑧，繕立精廬，夜齊誦經。夕中每有五色光明，流泛峰嶺，若燈燭。二女自此後，容止華雅，音制詮正⑨，上京風調，不能過也。刺史韋朗、孔默等，⑩並迎供養，聞其談說，甚敬異焉。於是溪里皆知奉法。⑪（《法苑珠林》卷五）

①東官，郡名，在今廣東省東莞縣附近。曾城，即增城，縣名。今廣東增城縣。

②時祖，俞氏子，其詳待考。

③「九年」，《珠林》卷二二、《感通錄》卷下，並作「元年」，不確。

④里越，粗俗不懂規矩。

⑤「粗說見佛」，《比丘尼傳》卷三作「至淨土天宮見佛，佛爲開化」。

⑥開解，了解，可以溝通。

⑦「明年」，《比丘尼傳》作「十年」。

⑧「鬼座」，《比丘尼傳》作「神座」。

⑨詮正，平正。

⑩韋朗，未詳何許人，曾任平北司馬、青州刺史。宋文帝元嘉十年（四三三年）六月，繼孔默之

（？）爲廣州刺史，見《宋書·文帝本紀》。孔默（之），魯（山東省曲阜縣）人，孔淳之弟。深於儒學，元嘉六年七月，自尚書左丞任廣州刺史。後以贓貨得罪下廷尉，大將軍彭城王劉義康保持之，故得免。事見《宋書》卷七、卷六九。

⑪《比丘尼傳·法緣尼傳》云：「（法緣）年五十六，建元中卒。」按：建元，齊高帝蕭道成年號，自西元四七九年至四八二年，共四年。

86.宋王球，字叔達①，太原人也。爲涪陵太守，以元嘉九年於郡失守②，繫在刑獄，著一重鎖，釘鍱③堅固。球先精進，既在囹圄，用心尤至。獄中百餘人，並多飢餓，球每食，皆分施之。日自持齋，至心念觀世音。夜夢昇高座，見一沙門，以一卷經與之，題云《光明安〔樂〕④行品》⑤，並諸菩薩名。球得而披讀，忘第一菩薩名，〔憶〕⑥第二觀世音，第三大勢至⑦；又見一車輪，沙門曰：「此五道⑧輪也。」既覺，鎖皆斷脫。球心知神力，彌增專到，因自釘治其鎖，經三日而被原宥。（《法苑珠林》卷二三）

①「達」，《繫觀世音應驗記》作「衒」，《法華經傳記》卷五作「衍」。

②「失守」，《繫觀世音應驗記》作「坐曹賊失守」，《法華經傳記》作「坐遭賊失守」。按《宋書·文

帝本紀》：「（元嘉）九年九月，妖賊趙廣寇益州，陷沒郡縣，州府討平之。」王球失守，當指此事。

③釘鍱，釘子及鋌條。

④「樂」字，據《繫觀世音應驗記》、《法華經傳記》增補。

⑤《光明安樂行品》，未詳，當屬於淨土派經典。

⑥「憶」字，據《繫觀世音應驗記》、《法華經傳記》增補。

⑦大勢至，佛教菩薩名，又作得大勢。阿彌陀佛右脇侍，與阿彌陀佛及右脇侍觀世音，合稱『彌陀三聖』。

⑧五道，有情往來之所有五處，即地獄道、餓鬼道、畜生道、人道、天道。

87.宋劉齡者，不知何許人。居晉陵①東路城村，頗奉法，於宅中立精舍一間，時設齋集。元嘉九年三月二十七日，父暴病亡。巫祝並云：「家當更有三人喪亡。」鄰家有事道祭酒，姓魏名叵，常爲章符，誑化村里，語齡曰：「君家衰禍未已，由奉胡神故也。若事大道，必蒙福祐，不改意者，將來滅門。」齡遂揭延祭酒，罷不奉法。叵云：「宜焚去經像，災乃當除耳。」遂閉精舍戶，放火焚燒。炎熾移日，而所燒者，唯屋而已，經像旛幁②，儼然如故；像於中夜，又放火赫然。時諸祭酒有二十許人，亦有懼畏靈驗，密委去者。叵等師徒，猶盛意不止；被髮禹步③，持刀索，云：斥佛還胡國，不得留中夏，爲民害也。齡於其夕，如有人毆打之者，頓仆於地，家人扶起，方④餘氣息，遂痿⑤攣躄不能行動；道士魏叵，其時體內發疽，日出二升，不過一月，受苦便死。自外同伴，並皆著癩。其鄰人東安⑥太守水丘和⑦傳於東陽無疑⑧，時亦多有見者。（《法苑珠林》卷六二）

①晉陵，縣名。今江蘇省武進縣。

②幁，同幀字，畫幅。

③禹步，原爲夏禹跛行之意，俗巫多效仿，故今稱巫師、道士作法的步法爲禹步。

④「方」，原作「示」，今據《廣記》卷一一三引《珠林》校改。

⑤「痿」，原作「委」，今據《廣記》校改。

⑥《宋書·州郡志》一：「東安太守。東安，故縣名。前漢屬城陽，後漢屬琅邪，《晉太康地志》屬東莞。晉惠帝分東莞立。領縣三。」按：其地在今山東省沂水縣南。

⑦水丘和，生平不詳，待考。

⑧東陽無疑，嘗官散騎常侍，撰有《齊諧記》七卷，見《隋書·經籍志》。

88.宋馬虔伯，巴西閬中①人也，少信佛法，嘗作宣漢縣②宰。以元嘉十二年七月夜，於縣得夢：見天際有三人，長二丈餘，姿容嚴麗，臨雲下觀，諸天妓樂，盈仭空中，告曰：「汝厄在荆楚，戊寅之年③八月四日，若處山澤，其禍剋消；人中齋戒，亦可獲免。若過此期，當悟道也。」時俯見相識楊暹④等八人，並者鎖械；又見道士胡遼⑤，半身土中。天中天際神人，皆記八人命盡年月，唯語遼曰：「若能修立功德，猶可延長也。」暹等皆如期終亡，遼益懼，奉法山居，勤勵彌至。虔伯後爲梁州⑥西曹掾⑦，州將蕭思話⑧也。蕭轉南蠻⑨，復命爲行參軍。虔伯耳荆楚之言，心甚懼然，求蕭解職，將適衡山，蕭苦不許。十五年即戊寅歲也，六月末，得病，至八月四日，危篤守命。其日黃昏後，忽朗然徹視，遙見西面有三人，形可二丈，前一人衣帢垂鬚，頂光圓明，後二人姿質金曜，儀相端備，列於空中，去地數仭。虔伯委悉⑩詳視，猶是前所夢者也。頃之不見，餘芳移時方歇，同居小大，皆聞香氣，因而流汗，病即小差。虔伯所居宇卑陋，于時自覺處在殿堂，廊壁環曜，皆是珍寶。於是所患悉以平復。

（《法苑珠林》卷三二）

①閬中，縣名。在今四川省閬中縣。

②宣漢縣，在今四川省東鄉縣。

③戊寅之年，元嘉十五年，西元四三八年。

④楊暹，生平不詳，待考。

⑤胡遼，生平不詳，待考。

⑥梁州，在今陝西南鄭縣。

⑦「掾」字，據《廣記》卷一一三增補。

⑧蕭思話（四〇六年—四五五年），南蘭陵（今江蘇武進縣）人。好書史，善彈琴，能騎射。元嘉九年，督梁、南秦二州諸軍事；十四年，遷使持節、臨川王義慶平西長史、南蠻校尉。生平詳見《宋書》卷七八、《南史》卷十八本傳。

⑨南蠻，古稱南方的民族及其居住的地方。《宋書》卷九七〈蠻夷列傳〉：「荆、雍州蠻，槃瓠之後也。分建種落，布在諸郡縣。荆州置南蠻，雍州置寧蠻校尉以領之。」

⑩委悉，詳盡、仔細。

89.宋沙門竺惠慶①，廣陵人也，經行修明。元嘉十二年，荆揚大水，川陵如一。惠慶將入廬山，船至小，而暴風忽起，同旅已得依浦②，唯惠慶船未及得泊；飄颺中江，風疾浪涌，靜待淪覆。慶正心端念，誦《觀世音經》，洲際之人，望見其船迎飆截流，如有數十人牽挽之者，逕到上岸，一舫全濟。（《法苑珠林》卷六五）

①「竺惠慶」，《名傳傳抄》、《高僧傳》卷十二，並作「釋慧慶」。按：慧慶，學通經律，清潔有戒行。每夜吟諷《法華》、《維摩》諸經，常聞闇中有彈指讚歎之聲，宋文帝元嘉二十九年（四五二年）卒，春秋六十有二。

②依浦，停靠岸邊。

按：《高僧傳》卷十二〈釋慧慶傳〉，亦載此事。然謂發生地點在浙江吳興縣小雷山，蓋別有所本，可以參考。

90.宋葛濟之，句容①人，稚川②後也。妻同郡紀氏，體貌閑雅，甚有婦德。濟之世事仙學③，紀氏亦同④，而心樂佛法，常存誠不替。元嘉十三年，方在機織，忽覺雲日開朗，空中清明，因投釋筐梭，仰望四表。見西方有如來眞形，及寶蓋旛幢，蔽映天漢。心獨喜曰：「經說無量壽佛⑤，即此者耶？」便頭面作禮。濟之敬其如此，仍起就之。紀授濟手，指示佛所，濟亦登〔時〕⑥見半身及諸旛蓋，俄而隱沒。於是雲日鮮彩，五色燭耀，鄉比親族，頗亦睹見。兩三食頃，方稍除歇。自是村閭，多歸法者。（《法苑珠林》卷十五）

①句容，縣名。今江蘇省句容縣。

②葛洪（二八三年—三四三年），字稚川。少好學，尤好神仙導養之法，著有《抱朴子》內外篇。生平詳《晉書》卷七二本傳。

③「仙學」，《廣記》卷一一四、《佛祖統紀》卷二八，並作「神仙」。

④「同」，《廣記》作「慕」。

⑤無量壽佛，即阿彌陀佛。阿彌陀含無量壽、無量光二義，故阿彌陀佛亦稱無量壽佛、無量光佛。

⑥「時」字，據《廣記》增補。按：登時，猶當時。

91.宋尼慧木者，姓傅氏①。十一出家，受持小戒②，居梁郡築弋村寺③，始讀《大品》，日誦兩卷。師慧超④，嘗建經堂，木往禮拜，輒見屋內東北隅有一沙門，金色黑衣，足不履地。木又於夜中卧而誦習，夢到西方，見一浴池，有芙蓉華，諸化生⑤人，列坐其中；有一大華，獨空無人，木欲登華，攀牽用力，不覺誦經，音響高大。木母謂其魘驚，起喚之。木母篤老，口無復齒，木恆嚼哺飴母，爲以過中⑥，不得淨漱，故年將立⑦，不受大戒⑧。母終亡後，木自除草開壇，請師受戒。忽於壇所見天地晃然，悉黃金色；仰望西南，見一天人，著縩衣⑨，衣色赤黃，去木或近或遠，尋沒不見。凡見靈異，祕不語人。木兄出家，聞而欲知，乃誑誘之曰：「汝爲道積年，竟無所招，比可養髮，當訪出門⑩。」木聞甚懼，謂當實然，乃粗言所見。唯靜稱尼⑪，聞其道德。稱往爲狎，方便請問，乃爲具說。木後與同等，共禮無量壽佛，因伏地不起，咸謂得眠。蹴而問之，木竟不答，靜稱復獨苦求問，木云：「當伏地之時，夢往安養國⑫見佛，爲說《小品》，已得四卷。因被蹴即覺，甚追恨之。」木元嘉十四年，時已六十九。（《法苑珠林》卷十五）

①《比丘尼傳》卷二云：「慧木，本姓傅，北地人。」按：北地郡，領有馬領等十九縣，舊治在今甘肅省靈武縣西南。

②小戒，小乘戒之通稱。特指小乘律藏所說五戒、八戒、十戒等。

③築弋村寺，其址未詳，待考。

④慧超尼，生平不詳，待考。

⑤化生，佛教四生之一，指依托無所，忽然而生者，如諸天、諸地獄及劫初之人等。

⑥過中，超過中食。此已違反佛家不過中食戒。

⑦將立，接近三十歲。《論語·爲政》：「三十而立。」

⑧大戒，大小乘之俱足戒，對於五戒、十戒等，謂之大。

⑨纈衣，用蜀錦所製衣裳。

⑩出門，出嫁。

⑪靜稱尼，本姓劉，譙郡梁人。住山陽（今河南省修武縣）東鄉竹林寺，戒業精苦，遊心禪默。生平詳見《比丘尼傳》卷二。

⑫安養國，西方極樂國之異名。

92.宋釋僧瑜，吳興餘杭①人，本姓周氏。弱冠出家，號爲神理；精修苦業，始終不渝。元嘉十五年，游憩廬山，同侶有曇溫慧光②等，皆厲操貞潔，俱尙幽棲。乃共築架其山之陽，今招隱精舍是也。瑜常以爲：結溺三途③，情形故也；情將盡矣，形亦宜損。藥王之蹤④，獨何云遠？於是屢發言誓，始契燒身。四十有四，孝建二年⑤六月三日，將就本志，道俗赴觀，車騎塡接。瑜率衆行道，訓授典戒。爾日密雲將雨，瑜乃慨然發誓曰：「若我所志克明，天當清朗；如其⑥無感，便宜滂澍。使此四輩⑦，知神應之無昧也。」言已，頃之，雲景明霽。及焚焰交至，合掌端一，有紫氣騰空，別表煙外，移晷乃歇。後旬有四日，瑜所住房裡，雙桐生焉，根枝豐茂，巨細如一，貫櫰⑧直竦，遂成鴻樹。理識者以爲娑羅⑨寶樹，剋炳泥洹⑩，瑜之庶幾，故見斯證。因號曰『雙桐沙門』。吳郡張辯⑪時爲平南⑫長史，親睹其事，具爲傳讚云⑬。（《法苑珠

林》卷六三)

①餘杭，縣名。今浙江省餘杭縣。

②曇溫，生平不詳，待考。又建康白馬寺有釋慧光，博通內外，多所參知。生平略見《高僧傳·釋法安傳》，未知即此慧光否？

③三途，謂火途、血途、刀途。

④蹤，同轍，軌跡。《法華經·藥王菩薩品》載有藥王菩薩燒身、燒臂以供養日月淨明德佛及《法華經》的故事。

⑤孝建，宋孝武帝劉駿年號。二年，當西元四五五年。

⑥「其」，原作「期誠」，今參考《高僧傳》卷十二、《弘贊法華傳》卷五、《法華經傳記》卷十校改。

⑦四輩，指比丘、比丘尼、優婆塞、優婆夷四衆。

⑧榱，屋椽。

⑨娑羅(Sala)，亦作沙羅，樹名。玄應《一切經音義》卷二：「沙羅，《泥洹經》作堅固林。」

⑪張辯，張裕（字茂度）第四子。歷尚書吏部郎、廣州刺史、大司農。生平附見《宋書》卷五三《張茂度傳》。

⑫平南，蓋指東海王劉禕。《宋書·孝武帝本紀》：「（孝建）三年冬十月未未，撫軍將軍、江州刺

史東海王禕，進號平南將軍。」

⑬張氏傳讚，四言，四解，十六句，今載《高僧傳》、《弘贊法華傳》、《法華經傳記》。

93.宋阮稚宗者，河東①人也。元嘉十六年，隨鍾離②太守阮愔③在郡。使稚宗行至遠村，郡吏蓋苟、邊定④隨焉。行達民家，恍忽如眠，便不復寤；民以爲死，輿⑤出門外，方營殯具，經夕能言。說：初有一百許人，縛稚宗去，行數十里，至一佛圖，僧衆供養，不異於世。有一僧曰：「汝好漁獵，今應受報。」便取稚宗，皮剝臠截，具⑥如治諸牲獸之法；復納于深水，鉤口⑦出之，剖破解切，若爲膾狀；又鑊煮爐炙，初悉糜爛，隨以還復，痛惱苦毒，至三乃止。問：「欲活不？」稚宗便叩頭請命。道人令其蹲地，以水灌之，云：「一灌除罪五百。」稚宗苦求多灌，沙門曰：「唯三足矣。」見有蟻數頭，道人指曰：「此雖微物，亦不可殺，無論復巨此者也。魚肉自死，此可噉耳。齋會之日，悉著新衣；無新，可浣也。」稚宗因問：「我行旅有三，而獨嬰苦，何也？」道人曰：「彼二人自知罪福，知而故犯；唯爾愚矇，不識緣報，故以相誡。」因爾便蘇，數日能起。由是遂斷漁獵耳。（《法苑珠林》卷六四）

①河東，郡名。在今山西省夏縣北。

②鍾離，郡名。在今安徽省鳳陽縣東北。

③阮憘，生平欠詳，待考。

④蓋苟、邊定，生平不詳，待考。

⑤「輿」，《太藏經·珠林》校勘記作「舉」，《廣記》卷一三一引《祥異記》作「舁」。

⑥具，方法，手段。

⑦「口」，《大明仁孝皇后勸善書》卷二十作「舌」。

94.宋邢懷明，河間①人，宋大將軍②參軍。嘗隨南郡太守朱脩之③北伐，俱見陷沒。於是伺候閒隙，俱得遁歸。夜行晝伏，已經三日，猶懼追捕，乃遣人前覘虜候。既數日不還，一夕，將雨陰闇，所遣人將曉忽至。至乃驚曰：「向遙見火光甚明，故來投之，那得至而反闇？」脩等怪愕。懷明先奉法，自征後，頭上恆戴《觀世音經》，轉讀不廢；爾夕亦正暗誦，咸疑是經神力。於是常共祈心，遂以得免。居於京師。元嘉十七年，有沙門詣懷明云：「貧道④見此巷中及君家，殊有血氣，宜移避之。」語畢便去。懷明追而目之，出門便沒，意甚惡之。經二旬，鄰人張景秀⑤傷父，及殺父妾，懷明以爲血氣之徵，庶得無事。時與劉斌、劉敬文⑥比門連接，同在一巷；其

年，並以劉湛⑦之黨，同被誅夷云。（《法苑珠林》卷二三）

①河間，郡名。南朝宋置，在今山東省境。

②大將軍，指彭城王劉義康（四〇九年—四五一年）。康於元嘉十六年正月，進位大將軍，領司徒，辟召掾屬。見《宋書》卷六八〈武二王列傳〉。

③朱脩之，字恭祖，義陽平氏（今河南省桐柏縣西）人。元嘉七年三月，隨右將軍到彥之北伐。留戍滑臺，遂陷於虜。九年，輾轉回至京邑。事載《宋書》卷七六本傳。

④貧道，僧人自稱的謙辭。

⑤張景秀，未詳，待考。

⑥劉斌，南陽（河南省南陽縣）人，有涉俗才用，爲大將軍、領司徒劉義康所知，自司徒右長史擢爲左長史。劉敬文，沛郡人，司徒府主簿、大將軍錄事參軍。兩人履歷，略見《宋書》卷六八〈武二王列傳〉。

⑦劉湛，字弘仁，南陽涅陽（今河南鄧縣）人。自負才氣，博涉史傳，歷任彭城王、廬陵王、江夏王府長史。元嘉中，官太子詹事、丹陽尹，爲劉義康所寵信，結黨謀逆。十七年十月，被收，伏誅。時年四十九。生平見《宋書》卷六九本傳。

95.宋程德度，武昌人。父道惠，廣州刺史①。度爲衛軍臨川王②行參軍，時在尋陽。屋有燕窠，夜見屋裡忽然自明，有一小兒，從窠而出，長可尺餘，潔淨分明，至度牀前曰：「君卻後三③年，當得長生之道。」倏然而滅。德度甚祕異之。元嘉十七年，隨王鎮廣陵，遇禪師釋道恭④，因就學禪，甚有解分⑤。到十九年春，其家武昌空齋，忽有殊香芬馥，達於衢路。闔境往觀，三日乃歇。（《法苑珠林》卷二八）

①《宋書》卷五〈文帝本紀〉：「元嘉五年六月，以江夏內史程道惠爲廣州刺史。」

②《宋書·文帝本紀》：「元嘉十六年夏四月，以平西將軍臨川王義慶爲衛將軍、江州刺史。」

③「三」，原作「二」，今參考《宣驗記》校改。按：本事當發生於元嘉十六年，往後三年，即下文「十九年」。

④釋道恭，生平不詳，待考。

⑤解分，開悟的福份。

96.宋劉琛之，沛郡①人也，曾在廣陵逢一沙門，謂琛之曰：「君有病氣，然當不死。可作一二百錢食，飯餉衆僧，則免斯患。」琛之素不信法，心起忿慢。沙門曰：「當加祇信②，勿用爲怒。」相去二十步，忽不復見。琛之經七日，便病時氣③，危頓殆死；至九日方晝，如夢非夢，見有五層佛圖④在其心上，有二十許僧遶塔作禮，因此而寤，即得大利⑤，病乃稍愈。後在京師住，忽有沙門，先不相識，直來入戶曰：「君有法緣，何不精進？」琛之因說先所逢遇，答曰：「此賓頭盧⑥也。」語已，便去，不知所向。琛之以元嘉十七年夏，於廣陵遙見惠汪精舍⑦前，旛蓋甚衆，而無形像；馳往觀之，比及到門，奄然都滅。（《法苑珠林》卷三六）

①沛郡，在今安徽省宿縣附近。

②祇信，敬信。

③時氣，時疫，流行病。

④佛圖，佛塔。

⑤利，通痢，泄肚子。

⑥賓頭盧，賓頭盧頗羅墮之略稱。十八羅漢中之第一位尊者，永住於世，現白頭長眉之相。

⑦惠汪精舍，其址不詳，待考。

97.宋伏萬壽，平昌①人也。元嘉十九年，在廣陵爲衛府行參軍②。假訖返舟，四更初過江。初濟之時，長波安流，中江而風起如箭，時又極暗，莫知所向。萬壽先奉法勤至，唯一心歸命觀世音，念無間息。俄爾與船中數人同睹北岸有光，狀如村火，相與喜曰：「此必是歐陽火③也。」迴舳趣之，未旦而至。問彼人，皆云：「昨夜無然火者。」方悟神力，至設齋會。（《法苑珠林》卷二七）

①平昌，郡名。在今山東省安邱縣。

②「衛府行參軍」，《廣記》卷一一一引《珠林》作「衛府參軍」；《繫觀世音應驗記》則作「衛軍行佐」，並補充說：「府主臨川王劉義慶。」

③「歐陽」，《廣記》作「陽」；《繫觀世音應驗記》仍作「歐陽」。歐陽火，未詳。

98.宋顧邁①，吳郡人也。奉法甚謹，爲衛府行參軍。元嘉十九年，亦自都還廣陵。發石頭城②，便逆湖朔風，至横決③；風勢未弭，而舟人務進。既至中江，波浪方壯，邁單船孤征，憂危無計，誦《觀世音經》，得十許遍，風勢漸歇，浪亦稍小。既而中流屢聞奇香，芬馥不歇，邁心獨嘉，故歸誦不輟，遂以安濟。（《法苑珠林》卷二七）

①顧邁，輕薄有才能，善天文。宋文帝元嘉二十二年（四四五年）任揚州刺史始興王濬主簿；二十六年十月以後，轉濬征北將軍府行參軍。後以洩密被徙廣州。三十年九月，南海太守蕭簡據廣州反，邁爲之盡力，與簡俱死。事迹略見《宋書》卷四二〈劉穆之傳〉、卷七七〈沈慶之傳〉。

②石頭城，又名石首城。故址在今江蘇省南京市清涼山。

③橫決，猛烈迅速。

99.秦沙門釋道冏，鄉里氏族，已載前記①。姚秦弘始十八年②，師道懿③遣至河南霍山④採鍾乳，與同學道朗等四人共行。持炬探穴，入且三里，遇一深流，橫木而過。冏最先濟，後輩墜木而死。時火又滅，冥然昏闇。冏生念已盡，慟哭而已。猶故一心呼觀世音，誓願若蒙出路，供百人會，表報威神，經一宿而見小光炯然，狀若螢⑤火，倏忽之間，穴中盡明。於是見路，得出巖下。由此信悟彌深，屢睹靈異。元嘉十九年，臨川康王⑥作鎮廣陵，請冏供養。其年九月，於西齋中作十日觀世音齋，已得九日。夜四更盡，衆僧皆眠，冏起禮拜，還欲坐禪，忽見四壁有無數沙門，悉半身出見，一佛蠡髻⑦，分明了了；有一長人，著平上幘，箋布褲褶，手把長刀，貌極雄異，捻香授道冏。道冏時不肯受，壁中沙門語云：「冏公可爲受香，以覆護⑧主人。」俄而霍然⑨，無所復見。當爾之時，都不見衆會諸僧，唯睹所置釋迦文行像而已。（《法苑珠林》卷六五）

①釋道冏事，已見本書第七七則。

②弘始，後秦姚興年號。十八年，當西元四一六年。

③道懿，蓋長安僧人，生平未詳，待考。

④霍山，一名霍陽山，在河南省臨汝縣西南。

⑤「螢」，原作「熒」，今據《廣記》卷一一一及《高僧傳》卷十二校改。

⑥臨川康王，劉義慶（四〇三年—四四四年）。生平詳見《南史》卷十三〈宋宗室及諸王列傳（上）〉。

⑦「蠡」，《廣記》作「螺」。按：蠡、螺通用。螺髻，謂梵天王留頂髮，結之如螺狀。

⑧覆護，保護，庇佑。

⑨霍然，消散的樣子。

100宋尼釋曇輝，蜀郡成都人也，本姓青陽①，名白玉。年七歲，便樂坐禪。每坐，輒得境，意未自了，亦謂是夢耳。曾與姊共寢，夜中入定，姊於屏風角得之，身如木石，亦無氣息。姊大驚怪，喚告家人，互共抱扶，至曉不覺。奔問巫覡，皆言：鬼神所憑。至年十一，有外國禪師畺良耶舍②者來入蜀，輝請諮所見。耶舍者以輝禪既有分，欲勸化令出家。時輝將嫁，已有定日。法育③未展聞說其家，潛迎還寺。家既知，將逼嫁之；輝遂不肯行，深立言誓：「若我道心不果，遂被限逼者，便當投火飼虎，棄除穢形，願十方④諸佛證見至心。」刺史甄法崇⑤，信尙正法，聞輝志業，迎與相見，并召綱佐⑥及有懷沙門⑦互加難問；輝敷演⑧無屈，坐者歎之。崇乃許離夫家，聽其入道。元嘉十九年，臨川康王延致廣陵。⑨（《法苑珠林》卷二二）

①青陽，複姓。《風俗通》曰：「青陽氏，青陽黃帝子也，始得姓焉。」（《通志·氏族略》引）

②畺良耶舍，宋言時稱，西域人。三藏兼明，而以禪門專業。宋文帝元嘉初來華，初止鍾山道林寺，後移住江陵。元嘉九年，西遊岷蜀，處處弘道。生平詳《高僧傳》卷三。

③法育，比丘尼名，生平未詳，待考。

④佛經稱東西南北、東南西南、東北西北、上下爲十方。

⑤甄法崇，中山人。宋武帝永初中爲江陵令；文帝元嘉三年任起部；九年十一月，自少府爲益州刺史。事跡略見《宋書·文帝本紀》、《南史·循吏列傳》。

⑥綱佐，官員中的主管和輔佐人員。

⑦「有懷沙門」，《比丘尼傳》卷四作「有望之民，請諸僧尼」。

⑧敷演，鋪陳發揮。

⑨《比丘尼傳》云：「元嘉十九年，臨川王臨南兗，延之至鎭，時年二十一。驃騎牧陝，復攜往。……年八十三，天監三年卒。」

按：釋曇輝事迹本末，《比丘尼傳》卷四載之綦詳，宜加以參考。

101宋淮南①趙習，元嘉二十年爲衛軍府佐。疾病經時，憂必不濟②，恆至心歸佛。夜夢一人，形貌秀異，若神人者，自屋梁上，以裹物及剃刀授習，云：「服此藥，用此刀，病必即愈。」習既驚覺，果得刀藥焉，登即③服藥，疾除出家，名僧秀，年逾八十乃亡。（《法苑珠林》卷二三）

①淮南，郡名。在今安徽省當塗縣。

②不濟，無救，治不好。

③登即，當即，立刻。

102宋沙門釋慧全，涼州①禪師也，開訓教授，門徒五百。有一弟子，性頗麤暴，全常不齒②，後忽自云：得三道果③。全以其無行，永不信許。全後有疾，此弟子夜來問訊時，戶猶閉如故。全頗驚異，欲復驗之，乃語明夕更來。因密塞窗戶，加以重關。弟子中宵而至，逕到牀前，謂全曰：「闍黎④可見信來⑤！」因曰：「闍黎過世，當生婆羅門⑥家。」全曰：「我坐禪積業，豈方生彼？」弟子云：「闍黎信道不篤，兼外學⑦未絕；雖有福業，不能超詣。若作一勝會，得飯一聖人⑧，可成道果耳。」全於是設會。弟子又曰：「可以僧伽黎⑨布施；若有須者，勿擇長幼。」及會訖，施衣，有一沙彌，就全求衣。全謂是其弟子，全云：「吾欲擬奉聖僧，那得與汝？」迴憶前言，不得擇人，便以歡施。他日見此沙彌，問云：「先與汝衣，著不大耶？」沙彌曰：「非徒不得衣，亦有緣事⑩，愧不豫會。」全方悟先沙彌者，聖所化也。弟子久乃過世。過世之時，無復餘異，唯塚四邊，時有白光。全元嘉二十年猶存，居在酒泉⑪。（《法苑珠林》卷十九）

①涼州，郡名。在今甘肅省武威縣。

②「齒」，《感通錄》卷下作「齒錄」，《自鏡錄》卷下作「錄」。按：齒，錄用，收納。齒、錄連用，意同。

③「三道果」，《感通錄》、《自鏡錄》並作「那含果」。按：三道，謂見道、修道、無學道。那含，又作那鋡。可洪《新集藏經音義隨函錄》卷二云：「那鋡，第三果。此云不來，生色界不來人間也。」

④闍黎，又作闍梨，阿闍梨之略。意爲正行。指能糾正弟子品行者。

⑤來，句末語氣詞，相當於『吧』。

⑥婆羅門，梵語(Brahmana)之音譯，古印度四種姓之首，世代以祭祀、誦經、傳教爲專業，屬於

特權階級。

⑦外學，指學外教之典籍及世間法而言。

⑧聖人，謂智慧甚深無量，慈悲心廣大無邊的人，即佛菩薩。

⑨僧伽黎，僧侶所穿的法衣。

⑩緣事，與己有關之世間俗事。

⑪酒泉，郡名。今甘肅省酒泉縣。

103 宋王胡者，長安人也。叔死數載，元嘉二十三年，忽見形還家，責胡以修謹有闕，家事不理，罰胡五杖。傍人及鄰里，並聞其語及杖聲，又見杖瘢迹，而不睹其形；唯胡猶得親接。叔謂胡曰：「吾不應死，神道①須吾算諸鬼錄。今大從吏兵，恐驚損墟里，故不將進耳。」胡亦大見衆鬼，紛鬧若②村外。俄然叔辭去，曰：「吾來年七月七日，當復暫還，欲將汝行，游歷幽途，使知罪福之報也。不須費設，若意不已，止可茶來③耳。」至期果還，語胡家人云：「吾今將胡游觀，畢，當使還，不足憂也。」胡即頓臥床上，泯然④如盡。叔於是將胡遍觀群山，備睹鬼怪，末至嵩高山⑤。諸鬼遇胡，並有饌設，餘族⑥味不異世中，唯薑甚脆美。胡欲懷將還，左右人笑胡云：

「止可此食，不得將還也。」胡末見一處，屋宇華曠，帳筵精整，有二少僧居焉。胡造之，二僧爲設雜果檳榔等。胡遊歷久之，備見罪福苦樂之報，乃辭歸。叔謂胡曰：「汝既已知善之可修，何宜在家？白足阿練⑦，戒行精高，可師事也。」長安道人足白，故時人謂爲白足阿練也，甚爲魏虜所敬，虜主⑧主事爲師。胡既奉此諫⑨，於其寺中，遂見嵩山上年少僧者游學衆中。胡大驚，與叙乖闊，問：「何時來？」二僧答云：「貧道本住此寺，往日不憶⑩與君相識。」胡復說嵩高之遇。此僧云：「君謬耳，豈有此耶？」至明日，二僧無何而去。胡乃具告諸沙門，叙說往日嵩山所見，衆感驚怪，即追求二僧，不知所在，乃悟其神人焉。元嘉末，有長安僧釋曇爽⑪來游江南，具說如此也。（《法苑珠林》卷六）⑫

①神道，神祇，神靈。此指陰間鬼王。
②「若」，《廣記》卷三二三作「于」。
③「來」，《廣記》作「食」。
④泯然，昏沈的樣子。
⑤嵩高山，即嵩山，在河南省登封縣北。
⑥族，衆多。

⑦白足阿練，猶白足和尙，即釋曇始。行事詳《高僧傳》卷十「神異」科本傳。

⑧虜主，指北魏太武帝拓跋燾。

⑨「諫」，《廣記》作「訓」。

⑩不憶，不省，不曾。

⑪釋曇爽，生平不詳，待考。

⑫《珠林》引本條，注出《冥報記》。魯迅《古小說鉤沈》歸入《冥祥記》，今從之。

104宋居士卞悅之，濟陰①人也。作朝請②，居在潮溝③。行年五十，未有子息，婦爲娶妾，復積載不孕。將祈求繼嗣，千遍轉《觀世音經》④。其數垂竟，妾便有娠，遂生一男。時元嘉十八年⑤，辛巳⑥歲也云云。（《法苑珠林》卷五二）

①濟陰，郡名。今山東省定陶縣。

②朝請，官名，即奉朝請。它屬於閒散官員。

③《建康實錄》卷二：「赤烏四年（按：西元二四一年）冬十一月，詔鑿通渠，名青溪，通城北塹潮溝。」注云：「潮溝亦帝所開，以引江潮。其舊跡在天寶寺後，長壽寺前。」

④「千遍轉《觀世音經》」，《廣記》卷一一作「發願誦《觀音經》千遍」。

⑤「十八」，《廣記》作「十四」。

⑥「辛巳」，原作「巳五」，今改正。按：元嘉十八年，歲在辛巳。

105 宋沙門釋曇典白衣①時，年三十，忽暴病而亡，經七日方活。說：初亡時，見二人驅將去，使輦米。伴輦可有數千人，晝夜無休息。見二道人云：「我是汝五戒本師②。」來慰問之。師將往詣官主③，云：「是貧道弟子，且無大罪，曆算④未窮。」即見放遣。二道人送典至家，住其屋上，具約示典：「可作沙門，勤修道業。」言訖下屋，道人推典著屍腋下，於是而蘇。後出家，經二十年，以元嘉十四年亡。（《法苑珠林》卷九十）

①白衣，佛徒著緇衣，稱俗家爲白衣。

②佛教以釋迦如來爲根本之教師，故曰本師。此指佛菩薩。

③官主，官吏中的主管。

④曆算，曆數，年壽。

106 宋尼釋慧玉，長安人也，行業勤修，經戒通備。嘗於長安薛尚書寺①見紅白光，十餘日中②。至四月八日，六重寺③沙門來游此寺，於光處得彌勒④金像，高一尺餘。慧玉後南渡樊郢⑤，住江陵靈收寺⑥。元嘉十四年十月夜，見寺東樹有紫光爛起，暉映一林，以告同學妙光等，而悉弗之見也。二十餘日，玉常見焉。後寺主釋法弘⑦將於樹下營築禪基，仰首條間，得金坐像，亦高尺許也。（《法苑珠林》卷十六）

①薛尚書寺，其址不詳，待考。

②「十餘日中」，《比丘尼傳》卷二作「燭曜左右，十日小歇」。

③六重寺，地址不詳，待考。

④彌勒，梵語Maitreya 音譯，意譯爲『慈氏』。著名的未來佛。

⑤樊郢，樊城（今湖北省襄樊市）與郢縣（今湖北江陵縣東北）。

⑥「靈收寺」，《比丘尼傳》作「牛牧寺」；《珠林》卷九一引《冤魂志》，亦作「牛牧寺」。按《建康實錄》卷十云：「（劉）毅單騎而走，去江陵北二十里，自縊於牛牧寺。」作「牛牧寺」爲是。

⑦釋法弘，生平不詳，待考。

107宋王淮之①，字元曾②，瑯琊人也，世以儒專，不信佛法。常謂：「身神俱滅，寧有三世③?」元嘉中，爲丹陽令。十年，得病氣絕，少時還復暫蘇。時建康令賀道力④省疾，下牀會。淮之語力曰：「始知釋教不虛，人死神存，信有徵矣。」道力曰：

「明府生平置論不爾，今何見而異之？」淮之歛眉答云：「神實不盡，佛教不得不信。」語卒而終。⑤（《法苑珠林》卷七九）

①「淮之」，《宋書》卷六十、《南史》卷二四本傳，並作「准之」。

②「元曾」，《南史》、《世說新語·人名譜》，並作「元魯」。

③佛家以過去、現在、未來爲三世。

④賀道力，會稽山陰（今浙江省紹興縣）人。晉司空賀循孫。善《三禮》，有盛名，仕宋，爲尚書三公郎，建康令。生平附見《梁書》卷四八、《南史》卷六二〈賀瑒傳〉。

⑤《宋書》本傳云：「（元嘉）十年，卒，時年五十六。追贈太常。」

108 宋慧遠沙門者，江陵長沙寺①僧也。師慧印②，善禪法，號曰禪師。遠本印蒼頭③，名黃遷；年二十時，印每入定，輒見遷先世乃是其師，故遂度爲弟子。常寄江陵市西楊道產④家，行般舟，勤苦歲餘，因爾遂頗有感變。或一日之中，十餘處齋，雖復終日竟夜行道轉經，而家家悉見黃遷在焉。衆稍敬異之，以爲得道。孝建二年⑤，一旦自言死期，謂道產曰：「明夕吾當於君家過世。」至日，道產設八關，然燈通夕。初夜中夜，遷猶豫衆行道，休然⑥不異；四更之後，乃稱疲而卧，顏色稍變，有頃而盡。闔境爲設三七齋⑦，起塔，塔今猶存。死後久之，現形多寶寺⑧，謂曇珣⑨道人云：「明年二月二十三日，當與諸天⑩共相迎也。」言已而去。曇珣即於長沙禪房設齋九十日，捨身布施。至其日，苦乏氣⑪，自知必終，大延道俗，盛設法會。三更中，呼問衆僧：「有聞見不？」衆自不覺異也，珣曰：「空中有奏樂聲，馨煙甚異，黃遷之契，今其至矣。」衆僧始還堂就席，而珣已盡。（《法苑珠林》卷九七）

①晉穆帝永和二年（三四六年），長沙太守滕含，於江陵捨宅爲寺。釋道安遣弟子曇翼南往，爲締構寺宇，即長沙寺。參見《名僧傳鈔·釋曇翼傳》、《高僧傳》卷五、《珠林》卷十三「感應緣」。

②慧印，生平欠詳，待考。

③蒼頭，指奴僕。

④楊道產，生平不詳，待考。

⑤孝建，宋孝武帝劉駿年號之一。二年，當西元四五五年。

⑥休然，猶欣然。

⑦三七齋，二十一日齋會。

⑧多寶寺，在建康，餘未詳。

⑨曇珣，生平欠詳，待考。

⑩「諸天」，《珠林》卷十九、《感通錄》卷下，並作「天人」。

⑪乏氣，喘息無氣。

109宋路昭太后①，大明四年②造普賢菩薩③，乘寶輦白象，安於中興禪房④，因設講于寺。其年十月八日，齋畢解座⑤，會僧二百人。于時寺宇始構，帝甚留心，輦蹕臨幸，旬必數四⑥，僧徒勤整，禁衛嚴肅。爾日僧名有定，就席久之，忽有一僧，豫于座次，風貌秀舉，闔堂驚矚。齋主與語，往還百餘言，忽不復見。列筵同睹，識其神人矣。（《法苑珠林》卷十七）

①路昭太后，宋文帝路淑媛（諱惠男），丹陽建康人。以色貌選入後宮，生孝武帝，拜爲淑媛。孝武即位，尊號曰皇太后。崩，謚曰昭皇太后。事詳《宋書》卷四一〈后妃列傳〉。

②大明，宋孝武帝劉駿年號之一。四年，當西元四六〇年。

③普賢菩薩，也譯爲遍吉菩薩，釋迦牟尼二脇侍之一。寺院塑像，侍立於釋迦之右，乘白象，以『大行』著稱。

④晉竺法義弟子曇爽於義墓所立新亭精舍。後宋孝武南下伐凶，式宮此寺。及登基，復幸禪堂，因爲開拓，改曰中興禪房。事見《高僧傳》卷四〈竺法義傳〉。

⑤解座，解散法座。

⑥數四，數回，多次。

110宋大明年中，有寺統法師名道溫①，居在秣稜②縣。既見，列言曰③：「皇太后叡鑒沖明，聖符幽洽，滌思淨場④，研襟至境；固以聲藻宸⑤中，事靈梵表⑥。廼創思鎔斲，抽寫神華，模造普賢，來儀盛像。寶傾宙珍，妙盡天飾。所設講齋，迄今月⑦八日，嚫會⑧有限，名簿素定；引次就席，數無盈減。轉經將半，景及昆吾⑨，忽睹異僧，豫于座內，容止端嚴，氣貌秀發。舉衆矚目⑩，莫有識者。齋主問曰：『上人⑪何名？』答曰：『名慧明。』問：『住何寺？』答云：『來自天安。』言對之間，倏然不見。闔堂驚魂⑫，遍筵肅慮，以爲明祥所賁，幽應攸闡；紫山⑬可睹，華臺⑭不遠。蓋聞至誠所感，還景移緯⑮；澄心所殉，發石開泉⑯。況帝德涵運，皇功懋洽⑰，仁洞乾遐，理暢冥外，故上王盛士，剋表大明，大明之朝；勸發妙身，躬見龍飛⑱之室。意若曰：陛下慧燭海縣⑲，明華日月。故以『慧明』爲人名；繼天興祚，式垂無疆，故以『天安』爲寺稱。神基彌遠，道政方凝；九服⑳咸㉑泰，萬寓㉒齊悅。謹列言屬縣，以詮㉓天休。」㉔（《法苑珠林》卷十七）

①釋道溫，姓皇甫，安定朝那（今甘肅平涼縣）人，高士皇甫謐之後。年十六入廬山，依慧遠受法；後遊長安，復師童壽。宋文帝元嘉中，還止襄陽檀溪寺。善大乘經，兼明數論。孝武帝孝建初，被勅下都，止中興寺。大明中，勅爲都邑僧主。後累當講任。泰始初卒，年六十九。生平詳《高僧傳》卷七「義解」科本傳。

②秣陵，縣名。今江蘇省江寧縣。

③「列言曰」三字，據《高僧傳》卷七增補。

④淨場，清淨無垢之境地，謂寺廟。

⑤「宸」，原作「震」，今據《高僧傳》校改。按：宸，北極星所居，即紫微垣。此借指帝王之所居。

⑥梵表，謂佛教界。

⑦今月，指大明四年（四六〇年）十月。

⑧嚫會，布施齋會。

⑨昆吾，古丘名。傳說太陽正午所經之處。《淮南子·天文訓》：「日出于暘谷，……至于昆吾，是謂正中。」

⑩「矚目」，《高僧傳》作「驚嗟」。

⑪上人，對和尚的尊稱。《釋氏要覽·稱謂》：「古師云：『內有德智，外有勝行，在人之上，名上

人。」」

⑫「闔堂驚魂」，《高僧傳》作「闔席悚愧」。

⑬紫山，蓋指釋迦牟尼佛所居之靈鷲山。

⑭華臺，佛菩薩之蓮華臺座。

⑮還景移緯，用魯陽公撝戈返日典故。事載《淮南子·覽冥訓》。

⑯《華陽國志》卷四有竹王以劍擊石，泉水湧出故事。

⑰懋洽，盛大廣博。

⑱龍飛，喻帝王興起。

⑲「海縣」，《高僧傳》作「海隅」。

⑳九服，指全國各地區。

㉑「咸」，原作「識」，今據《高僧傳》校改。

㉒萬寓，同萬宇，指天下。

㉓「詮」，《高僧傳》作「顯」。

㉔按：《高僧傳》，下文有「縣即言郡。時京兆尹孔靈府以事表聞，詔仍改禪房爲天安寺，以旌厥瑞焉。」一段，語意較完整，可補本條之不足。

111宋蔣小德，江陵人也，爲岳州刺史朱脩①府中②聽事監師③。少而信向，勤謹過人，脩大喜之，每有法事，輒令典知其務。大明末年，得病而死，夜三更將殯，便蘇活。言：有使者，稱王命召之，小德隨去。既至，王曰：「君精勤小心，虔奉大法。帝釋敕④旨，以君專至，宜速生善地；而君〔年〕⑤算猶長，故令吾特相召也。君今日將受天中快樂，〔相爲〕⑥欣然。」小德喜⑦諾。王曰：「君可且還家，所欲屬寄，及作功德，可速〔作〕⑧之。七日復來也。」小德受言而歸。路由一處，有小屋殊陋弊，且逢新寺⑨難公於此屋。前既素識，具相問訊。難云：「貧道自出家來，未嘗飲酒。且就蘭公，蘭公苦見勸，逼飲一升許，被王召，用此故也。貧道若不坐此，當得生天，今乃居此弊宇，三年之後，方得上耳。」小德至家，欲驗其言，即夕遽遣人參訊，難公果以此日於蘭公處睡卧，至夕而亡。小德既愈，七日内大設福供；至期，奄然而卒。朱脩即免家兵⑩户。蘭、難二僧並居新寺，難道行大精，不同餘僧。（《法苑珠林》卷九四）

①朱脩，即朱脩之，字恭祖。《宋書》卷七六、《南史》卷十六有傳。

②「府中」，原作「時爲」，今參考《大明仁孝皇后勸善書》卷十九校改。

③「監師」，《大明仁孝皇后勸善書》作「典吏」。

④「釋敕」，原作「敕精」，今據《自鏡錄》卷下、《大明仁孝皇后勸善書》校改。

⑤「年」字，據《自鏡錄》增補。

⑥「相爲」，據《自鏡錄》增補。

⑦「喜」，原作「嘉」，今據《自鏡錄》、《大明仁孝皇后勸善書》校改。

⑧「作」字，據《自鏡錄》增入；《大明仁孝皇后勸善書》作「爲」。

⑨新寺，亦作辛寺，在江陵，餘未詳。

⑩家兵，地主豪強或官僚的私人武裝。

112 宋吳興沈僧覆，大明末，本土饑荒，逐食至山陽①。晝入村野乞食，夜還寄寓寺舍左右。時山陽諸寺小形銅像甚衆，僧覆與其鄉里數人，積漸竊取，遂囊篋數四②悉滿焉。因將還家，共鑄爲錢。事既發覺，執送出都，入船便云：見人以火燒之。晝夜叫呼，自稱：「楚毒不可堪忍！」未及刑坐而死；舉體皆炘③裂，狀如火燒。吳郡朱亨④親識僧覆，具見其事。（《法苑珠林》卷七九）

①山陽，縣名。今江蘇省淮安縣。

②數四，謂好幾個。

③「炘」，《廣記》卷一一六、《大明仁孝皇后勸善書》卷十九，並作「拆」。按：炘，同焮，燒灼。

④朱亨，生平未詳，待考。

113 宋慧和沙門者，京師衆造寺①僧也。宋義嘉②難，和猶爲白衣，隸劉胡③部下。胡嘗遣將士數十人值④諜東下，和亦預行。行至鵲渚⑤而值臺軍⑥西上，諜衆離散，各逃草澤。和得竄下至新林⑦外。會見野老，衣服縷弊，和乃以完整褲褶易其衣，提籃負擔，若類田人。時諸游軍捕此散諜，視和形色，疑而問之，和答對謬略，因被笞掠，登將見斬。和自散走，便恆誦念《觀世音經》，至將斬時，祈懇彌至。既而軍人揮刃屢跌，三舉三折，並驚而釋之。和於是出家，遂成精業。（《法苑珠林》卷二七）

①衆造寺，建康佛寺之一，餘未詳。

②義嘉，宋晉安王司馬子勛於明帝泰始二年（四六六年）起兵時年號。見《宋書》卷八四〈鄧琬傳〉。

③劉胡，南陽涅陽人。出身郡將，捷口，善處分。歷任振威將軍、東平太守、馮翊太守、諮議參軍、越騎校尉等職。泰始二年，晉安王自立於尋陽，受鄧琬之遣，以豫州刺史率軍屯駐鵲尾，後兵敗被殺。事詳《宋書·鄧琬傳》。

④值，執行。

⑤鵲渚，即鵲尾渚，在今安徽省無爲縣界。

⑥臺軍，六朝時對官軍的稱謂。按：臺，指朝廷、禁中。

⑦新林，即新林浦，在今江蘇省江寧縣西南。

114宋費崇先者，吳興人也，少頗信法，至三十際，精勤彌至。泰始三年①，受菩薩戒，寄齋於謝惠遠②家，二十四日，晝夜不懈。每聽經，常以鵲尾香鑪置膝前。初齋三夕，見一人容服不凡，逕來舉鑪將去。崇先視膝前爐，猶在其處；更詳視此人，見提去甚分明，崇先方悟是神異。自惟衣裳新濯，了無不淨，唯坐側有唾壺。既使去壺，即復見此人，還鑪坐前。未至席頃，猶見兩鑪，既至即合爲一。然則此神人所提者，蓋鑪影乎！崇先又嘗聞人說：福遠寺③有僧欽尼④，精勤得道，欣然願見；未及得往，屬意甚至。嘗齋於他家，夜三更中，忽見一尼，容儀端嚴，著赭⑤布袈裟，正立齋席之前，食頃而滅。及崇先後覲此尼，色貌被服，即窗前所睹者也。（《法苑珠林》卷二四）

①泰始，宋明帝劉彧年號。三年，當西元四六七年。

②「惠」，《廣記》卷一一四作「慧」。謝惠遠，生平不詳，待考。

③福遠寺，其址未詳，待考。

④僧欽尼，生平不詳，待考。

⑤赭，赤褐色。

115 釋僧妙①，居于江陵上明村②。妙至大明年初，游乞零陵，因居郡治龍華精舍③。販貨蓄聚，米至數千斛。大明八年，卒。龍華寺災，焚蕩盡。妙臨終以財物付弟子法宗④，令造講堂僧房。法宗立堂畢，頗弛懈，未時建房。至泰始三年正月，被疾甚篤。時有道猛比丘⑤，隨泉陵⑥令高陽許靜慧⑦在縣。縣即郡治之邑也。猛往看宗疾。入寺數步，見一沙門著桃花布裙，衣單黃小被，行且罵云：「小子法宗，違我處分⑧，不立僧房，費散財物。」云云。既而迴見道猛，如驚羞狀，以被蒙頭入法宗房。猛常往來此寺，未嘗見此沙門，不欲干突之，先告法超⑨道人，說所聞見。超疑詐妄，檢問形狀音氣，猛具言之。超曰：「即法宗之師也。亡來數載。」共歎悵之。其夕即靈語，使急召法宗。宗既至，數罵甚嚴，猶以僧房爲言。音聲氣調，不異平生。法宗稽謝畢，問：「和尙今生何處？善惡云何？」妙曰：「生處復粗可耳。但應受小謫，二年，方可得免。兼有小枉橫⑩，欲訴所司，爲無袈裟，不能得行。可急爲製也。」法宗曰：「袈裟可辦⑪，未審和尙云何得之？」妙曰：「請僧設供，以袈裟爲嚫，我即得也。」法宗如言，飯僧䞋衣。道猛時在會，又見僧妙倚于堂戶之外，拱手聽經。飯䞋既畢，猛即見袈裟已在妙身。仍進堂中，欲依僧次就坐，問猛年臘⑫。猛曰：「吾忘其年，是索虜臨江⑬歲之二月也。」妙云：「與吾同臘，見大一月耳。」乃坐猛下。猛即狹膝，空一坐位。妙端默聽經，至坐散乃不復見。時一堂道俗百餘人，零陵太守羊闡⑭，亦預法集。自猛與妙講論往反⑮，衆但聞猛獨言。所以咸知驗實者，猛與妙不相識，說其形色舉動，年臘宿少⑯，莫不符同。法宗始疾，危困殆命；至靈語日，沈疾即愈。靈語所著，蓋是弱僮，而聲氣音詞，聽者莫辨其殊，故並信異之。初闡不甚奉法，因是大興敬悟，連建福集；即其年設講於此寺，持齋布施。（《釋門自鏡錄》卷上）

①《珠林》卷三五引《唐高僧傳》云：「僧妙者，上黨（按：今安徽省蕪湖縣）人也，家姓馮氏。」
②上明村，在今湖北省公安、松滋縣界。晉荊州刺史桓沖自襄陽退屯，築城於此。
③龍華精舍，在零陵泉陵縣，餘未詳。
④法宗，生平欠詳，待考。
⑤道猛，生平不詳，待考。按：《高僧傳》卷七「義解」科有京師興皇寺釋道猛，疑非其人。
⑥泉陵，縣名，在今湖南省零陵縣。

⑦許靜慧，生平欠詳，待考。

⑧處分，吩咐，決定。

⑨法超，生平不詳，待考。

⑩「枉橫」，《珠林》卷三五作「抑橫」。按：枉橫，抑橫，均謂無罪而遭受橫禍。

⑪「辦」，原作「辨」，今據《珠林》校改。

⑫年臘，指僧侶受戒後的歲數。

⑬索虜，索頭虜，姓託（拓）跋氏。索虜臨江，蓋指宋文帝元嘉二十七年（四五〇年）索虜主拓跋燾率大衆至瓜步，聲欲渡江，內外戒嚴一事。詳見《宋書》卷九五〈索虜列傳〉。

⑭羊闡，泰山人，宋零陵太守，齊東昏侯永初中官至太中大夫，餘未詳。參見《南史》卷五〈齊本紀下〉。

⑮往反，亦作往返，謂一來一回之對談。

⑯宿少，指年齒高低大小。

116東海何敬叔①，少而奉佛。至泰始中，隨湘州刺史劉韞②監營浦縣③。敬叔時遇有旃檀④，製以爲像，像將就而未有光材⑤。敬叔意願甚勤，而營索無處，憑几微睡，見一沙門〔納衣杖錫來〕⑥，語敬叔云：「〔檀非可得，纔木不堪。惟〕⑦縣後何家有一桐盾，甚堪像光，其人極惜之，苦求可得也。」敬叔寤，問縣後，果有何家。因求買盾。何氏云：「實有此盾，甚愛惜之，〔患人乞奪，曾未示人。〕⑧明府何以得知，〔直求市耶〕⑨？」敬叔具說所夢，何氏驚⑩嘉，奉以製光。⑪（《太平御覽》卷三五七）

①何敬叔，東海郯（今山東郯城縣）人。入齊，任征東錄事參軍，餘杭、長城令，有能名；在縣清廉，不受禮遺。生平附見《梁書》卷五十、《南史》卷七二〈何思澄傳〉。

②劉韞，字彥文，長沙王劉義欣子。泰始三年（四六七年）六月，以侍中出任湘州刺史。生平見《宋書》卷八〈明帝本紀〉、卷五一〈宗室列傳〉。

③「監營浦縣」，《珠林》卷十四作「監縣」。

④旃檀，即檀香木。

⑤光材，製作佛像之後光的材料。

⑥「納衣杖錫來」五字，據《廣記》卷二七六增補。《珠林》作「衲衣杖錫來」。

⑦「檀非可得，麤木不堪，惟」九字，據《珠林》增入。

⑧「患人乞奪，曾未示人」八字，據《珠林》增入。

⑨「直求市耶」四字，據《珠林》增入。

⑩「驚」，《珠林》作「敬」。

⑪本條之末，《珠林》尚有「後爲湘府直省，中夜夢像云：『鼠嚙吾足。』清旦，疾歸視像，果然

矣。」一小段。

117宋袁炳，字叔煥①，陳郡人也。泰始末爲臨湘②令。亡後積年，友人司馬遜③於將曉間，如夢，見炳來，陳叙闊別，訊問安否？既而謂遜曰：「吾等平生立意置④論，常言生爲馳役，死爲休息，今日始知定⑤不然矣。恆患在世有人，務馳求金幣，共相贈遺。幽途此事，亦復如之。」遜問：「罪福應報，定實何如？」炳曰：「如我舊見，與經教所說，不盡符同，將⑥是聖人抑引⑦之談耳！如今所見，善惡大科，略不異也。然殺生故最爲重禁，愼不可犯也。」遜曰：「卿此徵相示，良不可言，當以語白尚書也。」炳曰：「甚善，亦請卿敬情⑧尚書。」時司空簡穆王公⑨爲吏部尙書⑩，炳遜並其游賓，故及之。往返可數百語，辭去，遜曰：「闊別之久，恆思叙集，相値甚難，何不小⑪住？」炳曰：「止暫來耳！不可得久留。且此輩語，亦不容得委悉。」於是⑫而去。初炳來闇夜，遜亦了不覺所以，而明得睹見。炳既去，遜下牀送之，始躡屐而還閤，見炳腳間有光尺許，亦得照其兩足，餘地猶皆闇云。（《法苑珠林》卷二一）

①「叔煥」，《南齊書》卷五二〈文學列傳〉、《梁江文通文集》卷五〈袁友人傳〉，並作「叔明」。

②臨湘，縣名。今湖南省長沙縣。

③司馬遜，生平不詳，待考。

④「置」，《廣記》卷三二六作「著」。

⑤定，到底，終於。

⑥將，或許。

⑦抑引，壓縮與引申。

⑧「情」，《廣記》作「詣」。

⑨「簡穆王公」，《廣記》作「王僧虔」。

⑩「吏部尚書」，《廣記》作「吏部」。按：王僧虔，宋後廢帝元徽中爲吏部尚書。

⑪「小」，《廣記》作「且」。

⑫「於是」，《廣記》作「揖別」。

118宋沙門道志者，北多寶①僧也，嘗〔爲衆〕②僧令知殿塔，自竊帳③蓋等寶飾，所取甚衆；後遂偷像眉間相珠④。既而開穿垣壁，若外盜者，故僧衆不能覺也。積旬餘而得病，便見異人以戈矛刺之，時來時去。來輒驚噭，應聲流血。初猶日中一兩如此，其後疾甚，刺者稍數⑤，傷痍遍體，呻呼不能絕聲。同寺僧衆，頗疑其有罪，欲爲懺謝。始問猶諱而不言，將盡二三日，乃具自陳列，泣涕請救，曰：「吾愚悖不通，謂無幽途；失意作罪，招此殃酷，生受楚拷，死縈刀鑊，已糜之身，唯垂哀恕。今無復餘物，唯衣被氈履，或足充一會，並煩請願⑥，具爲懺悔。昔偷像相珠有二枚，一枚已屬嫗人，不可復得；一以質錢，在陳照⑦家，今可贖取。」道志既死，諸僧合集，贖得相珠，幷設齋懺。初，工人復相珠時，展轉迴趣⑧，終不安合；衆僧復爲禮拜燒香，乃得著焉。年餘而同學等於昏夜間，聞空中有語，詳聽即道志聲也。自說云：自死以來，備縈⑨痛毒，方累年劫⑩，未有出期；賴蒙衆僧，哀憐救護，贖像相珠，故於苦酷之中，時有間息。感恩罔已，故暫來稱謝。言此而已。聞其語時，腥腐臭氣，苦痛難過，言終久久，臭乃稍歇。此事在泰始末年，其寺好事者，已具條記。（《法苑珠林》卷七九）

①北多寶，即建康多寶寺。

②「爲衆」二字，據《廣記》卷一一六增補。

③「帳」，《廣記》作「幡」。

④「相珠」，原作「珠相」，今據《自鏡錄》卷上乙改。

⑤數，緊密，頻繁。

⑥「願」，《自鏡錄》作「故舊」。
⑦陳照，生平不詳，待考。
⑧「趣」，《自鏡錄》作「旋」。
⑨「縈」，《自鏡錄》、《廣記》，並作「嬰」。按：縈，牽纏。嬰，遭遇。
⑩年劫，意爲極久遠的時間。

119宋陳秀遠者，潁川①人也。嘗爲湘州西曹②，客居臨湘縣。少信奉三寶，年過耳順，篤業不衰。宋元徽二年③七月中，於昏夕間，閑臥未寢，歎念萬品死生，流轉無定，自惟已身，將從何來？一心祈念，冀通感夢。時夕結陰，室無燈燭。有頃，見枕邊如螢火者，囧然明照，流飛而去。俄而一室盡明，爰至空中，有如朝晝。秀遠遽起坐，合掌喘息。頃，見中宇④四五丈上，有一橋閣焉，欄檻朱彩，立於空中。秀遠了不覺升動之時，而已自見平坐橋側。見橋上士女，往還填衢，衣服妝束，不異世人。末有一嫗，年可三十許，上著青襖，下服白布裳，行至秀遠左邊而立。有頃，復有一婦人，通體衣白布，爲偏環髻手持華香，當前而立。語秀遠曰：「汝欲睹前身，即我是也。以此華供養佛故，故得轉身⑤作汝。」迴指白嫗曰：「此即復是我先身也。」言畢

而去，去後橋亦漸隱。秀遠忽然不覺還下之時，光亦尋滅也。（《法苑珠林》卷三二）

①潁川，郡名。在今河南省許昌縣東。

②西曹，刺史屬官，即漢之功曹書佐。

③元徽，宋後廢帝劉昱年號。二年，當西元四七四年。

④「中宁」，《廣記》卷一一四作「庭中」。

⑤轉身，投胎轉世。

120 宋沙門智達者，益州索寺①僧也，行頗流俗，而善經唄。年二十三，宋元徽三年六月病死，身暖不殮，遂經二日，〔氣息〕②稍還，至三日旦，而能言視。自說言：始困之時，見兩人皆著黃布褲褶，一人立于戶外，一人逕造牀前，曰：「上人應去，可下地也。」達曰：「貧道體羸，不堪涉道。」此人復曰：「可乘轝也。」言卒而轝至。達既昇之，意識怳然，不復見家人屋室及所乘轝。四望極目，但睹荒野，途逕艱危，示道登躡，〔二人驅〕③之，不得休息。至于朱門，牆闥甚華，達入至堂下。堂上有一貴人，朱衣冠幘，據傲牀坐，姿貌嚴遠，甚有威容，左右兵衛百許人，皆朱衣拄刀，列直森然。貴人見達，乃歛顏正色謂曰：「出家之人，何宜多過？」達曰：「有識以來，不憶作罪。」問曰：「誦戒廢不？」達曰：「初受具足④之時，實常習誦；比⑤逐齋講，恆事轉經，故於誦戒，時有虧廢。」復曰：「沙門而不誦戒，此非罪何爲？可且誦經！」達即誦《法華》，三契⑥而止。貴人敕所錄達使人曰：「可送置惡地，勿令大苦。」二人引達將去，行數十里，稍聞轟𨆪，鬧聲沸天⑦，而前路轉闇。次至一門，高數十丈，色甚堅黑，蓋鐵門也，牆亦如之。達心自念：經說地獄，此其是矣。乃大恐怖，悔在世時，不修業行。及入⑧門裡，鬧聲轉壯，久久靜聽，方知是人叫呼之響。門裡轉闇，無所復見。時火光乍滅乍揚，見有數人，反縛前行，後有數人，執扠扠之，血流如泉。其一人，乃達從伯母，彼此相見，意欲共語，有人曳之殊疾，不遑得言。入門二百許步，見有一物，形如米囤，可高丈餘。二人執達，擲置囤上。囤裡有火焰，燒達身，半體皆爛，痛不可忍；自囤墜地，悶絕良久。二人復將達去。見有鐵鑊十餘，皆煮罪人，人在鑊中，隨沸出沒，鑊側有人，以扠刺之；或有攀鑊出者，兩目潰⑨凸，舌出尺餘，肉盡炘爛而猶不死。諸鑊皆滿，唯有一鑊尚空，二人謂達曰：「上人即時應入此中。」達聞其言，肝膽塗地，乃請之曰：「君聽貧道，一時⑩禮佛。」便至心稽首，願免此苦。伏地食頃，祈悔特至。既而四望，無所復見，唯睹平原茂樹，風景清明。而二人猶導達行，至一樓下，樓形高小，上有人，裁⑪得容坐，謂達曰：「沙門現受輕報，殊可欣也。」達於樓下，忽然不覺還就身時。達今猶存在索寺也，齋戒愈堅，禪誦彌固。（《法苑珠林》卷九十）

①益州，今四川省成都縣。索寺，基址未詳，待考。

②「氣息」二字，據《自鏡錄》卷上增補；《弘贊法華傳》卷九作「入息」。

③「二人驅」三字，據《自鏡錄》、《弘贊法華傳》增補。

④具足，意謂僧尼所受戒律，圓滿充足。依據《四分律》，比丘戒有二百五十條。

⑤比，近來。

⑥三契，三篇。契，量詞，猶部或篇。

⑦「天」，原作「火」，今據《自鏡錄》、《弘贊法華傳》校改。《大明仁孝皇后勸善錄》卷十九作「騰」。

⑧「入」，原作「大」，今據《自鏡錄》、《弘贊法華傳》校改。

⑨「潰」，原作「沸」，今據《自鏡錄》、《弘贊法華傳》校改。

⑩「一時」，原作「一得」，今據《弘贊華法傳》校改。《自鏡錄》作「暫時」。

⑪裁，通才，但，只。

121宋袁廓，字思度，陳郡人也。元徽中，爲吳郡丞。病經少日，奄然如死，但餘息未盡。棺唅①之具並備，待畢而殮；三日而能轉動視瞬。自說云：有使者稱教喚，廓隨去。既至，有大城池，樓堞高整，階闥崇麗。既命廓進，主人南面，階陛森然威飾，冠首執刀者點②廓坐。坐定，溫涼畢③，設酒炙果粽葅肴等，廓皆嘗進，種族形味，不異世中。酒數行，主人謂廓曰：「身④主簿不幸，闇任有闕，以君才穎，故欲相屈⑤，當能顧懷不？」廓意亦知是幽途，乃固辭：「凡薄，非所剋堪；加少窮孤，兄弟零落。公私二三⑥，乞蒙恩放。」主人曰：「君當以幽顯異方，故有辭耳。此間榮祿資待，身口服御，乃當勝君世中。勤勤之懷，甚貪共事，想必降意，副所期也。」廓復固請，曰：「男女藐然⑦，並在齠齔；僕一旦恭任，養視無託。父子之戀，理有可矜。」廓因流涕稽顙。主人曰：「君辭讓乃爾，何容相逼？願言不獲，深爲歎恨。」就案上取一卷文書句黵⑧之。既而廓謝恩辭歸，主人曰：「君不欲定省先亡乎？」乃遣人將廓行，經歷寺署甚衆。末得一垣城，門楯並黑，蓋囹圄也。將廓入中，斜趣一隅，有諸屋宇，駢塡⑨銜接，而甚陋弊。次有一屋，見其所生母羊氏，在此屋中，容服不佳，甚異平生，見廓驚喜。戶邊有一人，身面傷痍，形類甚異，呼廓語。廓驚問：「其誰？」羊氏謂廓曰：「此王夫人。汝不識耶？」王夫人曰：「吾在世時，不信報應，雖復無甚餘罪，正坐鞭撻婢僕過苦，故受此罰。亡來楚毒，殆無暫休，今特少時寬隙耳。前喚汝姊來，望以自代，竟無所益，徒爲憂聚。」言畢涕泗。王夫人即廓嫡母也。廓姊時亦在其側。有頃，使人復將廓去。經涉巷陌，閭里整頓，似是民居。末有一宅，竹籬茅屋，見父⑩披被著巾，憑案而坐。廓入門，父揭手遣廓曰：「汝即蒙罷，可速歸去，不須來也。」廓跪辭而歸。使人送廓至家而去。廓今太子洗馬⑪是也。（《法苑珠林》卷五二）

①「唅」，《廣記》卷三七七引《珠林》作「衾」。

②點，指示。

③溫涼，寒暖。借指生活情況。

④身，用爲第一人稱代詞，即我。

⑤屈，敬詞，猶言請。

⑥二三，猶言再三，多次。

⑦藐然，幼小的樣子。

⑧句黵，用墨鉤畫塗抹。

⑨「填」，《廣記》作「闐」。按：填、闐通用。駢填，連屬。

⑩按：袁廓父，名景雋，官淮南太守。宋孝武帝孝建三年（四五六年）十一月，有罪棄市。事見《宋書》卷六〈孝武帝本紀〉、《南史》卷二六〈袁湛傳〉附。

⑪按：廓齊武帝永明中爲文惠太子蕭長懋屬官。

122宋韓徽者，未詳何許人也，居於枝江①。其叔幼宗，宋末爲湘州府中兵②。昇明元年，荆州刺史沈攸之③舉兵東下，湘府長史庾佩玉③阻甲自守，未知所赴；以幼宗猜貳，殺之，戮及妻孥。徽以兄子繫於郡獄，鐵木竟體，鉗梏甚嚴，須考畢情黨，將悉誅滅。徽惶迫無計，待斯而已。徽本嘗事佛，頗諷讀《觀世音經》，於是晝夜誦經，至數百遍。方晝，而鎖忽自鳴，若燒炮石瓦爆咤之聲。已而視其鎖，摧然自解。徽懼獄司謂其解截，遽呼告之。吏雖驚異，而猶更釘鍱。徽如常諷誦，又經一日，鎖復鳴解，狀如初時。吏乃具告佩玉，玉取鎖詳視，服其通感，即免釋之。徽今尚在，勤業殊至。（《法苑珠林》卷二七）

①枝江，縣名。在今湖北省江陵縣西。

②宋帝昇明元年（四七七年）七月，韓幼宗以南中郎將、中兵參軍、臨湘令領軍戍防湘州，事見《宋書》卷八三《黄回傳》、《南齊書》卷二九《呂安國傳》。

③沈攸之，字仲達，吳興武康（今浙江武康縣）人。昇明元年十二月，任車騎大將軍、荆州刺史，舉兵反叛。二年正月，被斬。事載《宋書》卷七四本傳、《南史》卷三七《沈慶之傳》。

④庾佩玉，潁川人，庾冰五世孫。宋後廢帝元徽二年（四七四年）十一月，王蘊爲湘州刺史；以佩玉爲寧朔府長史、長沙內史。蘊去職。南中郎將、湘州刺史南陽王翽未之任，權以佩以行府州事。見《宋書·黃回傳》。

123 宋釋慧嚴①京師東安寺②僧也，理思該暢，見器道俗。嘗嫌《大涅槃經》③文字繁多，遂加刊削，就成數卷，寫兩三通以示同好④。因寢寤之際，忽見一人，身長二丈餘，形氣偉壯，謂之曰：「《涅槃》尊經，衆藏之宗，何得以君璅思，輕加斟酌？」嚴悵然不釋，猶以發意⑤苟覓多知。明夕將臥，復見昨人，甚有怒色，謂曰：「過而知改，是謂非過。昨故相告，猶不已乎？此經既無行理，且君禍亦將及。」嚴驚覺失措，未及申⑥旦，便馳信求還，悉燒除之。塵外精舍釋道儼⑦具所諳聞也。（《法苑珠林》卷十八）

①釋慧嚴（三六三年—四四三年），姓范，豫州（今安徽壽縣）人。博曉詩書，精鍊佛理。頗受宋武帝、文帝器重禮遇。《高僧傳》卷七「義解」科有傳。

②東安寺，建康佛寺之一，餘未詳，待考。

③《大涅槃經》，指北涼曇無讖所譯四十卷本，分十三品。通稱北本《涅槃》。

④《高僧傳》卷七云：「《大涅槃經》初至宋土，文言致善，而品數疏簡，初學難以措懷。（慧）嚴廼共慧觀、謝靈運等，依《泥洹》本加之品目。文有過質，頗亦治改。」按：此即後世所稱三十六卷南本《涅槃》。

⑤發意，產生某種意念。

⑥申，至，到。

⑦按：《高僧傳》卷十一「明律」科有彭城釋道儼，或即其人。

124宋羅璵①妻費氏者，寧蜀②人。父悅③，宋寧州④刺史。費少而敬信，誦《法華經》數年，勤至不倦。後忽得病，苦心痛，守命；闔門遑懼，屬纊⑤待時。費氏心念：我誦經勤苦，宜有善佑，庶不於此，遂致死也。既而睡臥，食頃，如寤如夢。見佛於窗中，授手以摩其心，應時都愈。一堂男女婢僕，悉睹金光，亦聞香氣。璵從妹即琰外族曾祖尚書中兵郎費愔⑥之夫人也，于時省疾牀前，亦具聞見。於是大興信悟，虔戒至終，每以此瑞，進化子姪焉。（《法苑珠林》卷九五）

①羅璵，生平欠詳，待考。

②寧蜀，郡名。在今四川省，領有廣漢、廣都等縣地。

③費悅，生平欠詳，待考。

④寧州，晉置。有今雲南全省地，故治在雲南省曲靖縣西。

⑤屬纊，用新綿置於臨死者鼻前，觀察其是否斷氣。

⑥費愔，生平欠詳，待考。

125 宋彭子喬者，益陽縣①人也，任本郡主簿，事太守沈文龍②。建元元年③，以罪被繫。子喬，少年嘗經出家，末雖還俗，猶常誦習《觀世音經》。時文龍盛怒，防械稍急，必欲殺之。子喬憂懼，無復餘計，唯至誠誦經，至百餘遍。疲而晝寢；時同繫者有十許人，亦俱睡卧。有湘西縣吏杜道榮④，亦繫在獄，乍寐乍寤，不甚得熟。忽有雙白鶴集子喬屏風上。有頃，一鶴下至子喬邊，時復覺如美麗人形而已。道榮心怪之⑤，起見子喬雙械脫在腳外，而械癰⑥猶在焉。道榮驚視始畢，子喬亦寤，共視械咨嗟⑦。問子喬：「有所夢不？」喬曰：「不夢。」道榮如向所見，說之。子喬雖知必已，尙慮獄家疑其欲叛，乃解脫械癰更著。經四五日而蒙釋放。琰族兄璉⑧，親識子喬及道榮，聞二人說，皆同如此。（《法苑珠林》卷二七）

①益陽縣，在湖南省漢壽縣東南。

②沈文龍，生平欠詳，待考。
③建元，齊武帝蕭道成年號。元年，當西元四七九年。
④「榮」，原作「策」，今據《繫觀世音應驗記》、《法華經傳記》卷六、《廣記》卷一一一校改。下同。杜道榮，生平欠詳，待考。
⑤「心怪之」三字，據《繫觀世音應驗記》、《法華經傳記》增補。
⑥「癰」，《繫觀世音應驗記》作「雍」，《廣記》作「痕」。按：械癰，蓋指桎梏的附件。
⑦咨嗟，贊歎。
⑧王璉，生平欠詳，待考。

126齊①董青建者，不知何許人。父字賢明，建元初爲越騎校尉②。初，建母宗氏孕建時，夢有人語云：「爾必生男，體上當有青誌，可名爲青建。」及生如言，即名焉。有容止，美言笑，性理寬和，家人未嘗睹其慍色，見者咸異之。至年十四，而州迎主簿。建元初，皇儲③鎮樊漢④，爲水曹參軍。二年七月十六日，寢疾，自云：「必不振濟。」至十八日，臨盡，起坐謂母曰：「罪盡福至，緣累永絕；願母自割⑤，不須憂念。」因七聲大哭，聲盡而絕。將殯⑥喪齋前，其夜靈語云：「生死道乖，勿安齋前，自當有造像道人來迎喪者。」明日，果有道人來，名曇順⑦。即依靈語，向曇順說之。曇順曰：「貧道住在南林寺⑧，造丈八像垂成。賢子乃有此感應，寺西有少空地，可得安葬也。」遂葬寺邊。三日，其母將親表十許人，墓所致祭，於墓東見建如生，云：「願母割哀還去，建今還在寺住。」母即止哭而還，舉家菜食長齋。至閏月十一日，賢明夢見建云：「願父暫出東齋。」賢明便香湯自浴齋戒，出東齋。至十四夜，於眠中聞建喚聲，驚起，建在齋前，如生時。父回：「汝往在何處？」建云：「從亡來住在練神宮⑨中，滿百日當得生忉利天。建不忍見父母兄弟哭泣傷慟，三七日禮諸佛菩薩，請四天王⑩，故得暫還。願父母從今以後，勿復啼哭祭祀。阿母已發願求見建，母不久當命終，即共建同生一處。父壽可得七十三。命終之後，當三年受罪報；勤苦行道，可得免脫。」問曰：「汝從夜中來，那得有光明？」建曰：「今與菩薩諸天共下，此其身光耳！」又問云：「汝天上識誰？」建曰：「見王車騎、張吳興、外祖宗西河⑪。」建曰：「非但此一門中生。從四十七年以來，至今七死七生。已得四道⑫果，先發七願，願生人間，故歷生死。從今永畢，得離七苦。建臨盡時，見七處生死，所以大哭者，與七家分別也。」問云：「汝皆生誰家？」建曰：「生江吏部、羊廣州、張吳興、王車騎、蕭吳興、梁給事、董越騎等家。唯此間生十七年，餘處正五三年耳。自今以後，毒癘歲多，宜勤修功德。建見世人死，多墮三塗，生天者少。勤精進，可得免度；發願生天，亦得相見；行脱⑬差異，無相値期。」又問云：「汝母憂憶汝，垂死，可令見汝不？」建曰：「不須相見，益懷煎苦耳！耶⑭但依向言説之。諸天已去，不容久住。」慘有悲色，忽然不見。去後竹林左右，猶有香氣，家人亦並聞餘香焉。建云：所生七家，江概、羊希、張永⑮、王玄⑯謨、蕭惠明、梁季父也。賢明遂以出家，名法藏也。（《法苑珠林》卷五二）

①「齊」，原作「晉」，今據《廣記》卷一一四校改。

②越騎校尉，漢武帝置五營校尉之一，掌勁勇善射之騎兵。後代沿用。秩二千石。

③皇儲，指皇太子蕭頤。

④樊漢，謂樊川及漢水。

⑤「自割」，《廣記》一一四引《珠林》作「自愛」。按：割，斷絶、捨棄。

⑥「殯」下，《廣記》有「葬」字。

⑦曇順，建康南林寺僧，餘未詳。

⑧南林寺，晉孝武帝女晉陵公主爲釋法業所起。見《高僧傳》卷七《釋慧觀傳》末、《南朝佛寺志》卷上。

⑨練神宮，未詳，蓋爲四天王所居之一。

⑩四天王，帝釋之外將，居須彌山半腰之四頭。東方持國天王，南方增長天王，西方廣目天王，北方多聞天王。

⑪西河，郡名。南朝宋置，在雲南省舊大理府境。

⑫四道，指加行道、無間道、解脫道、勝進道。乘四種道，可到涅槃之域。見《俱舍論》卷二五。

⑬脫，假使、萬一。

⑭耶，同爺，謂父親。

⑮張永，字景雲，張裕（字茂度）子。宋前廢帝永光元年（四六五年），出爲吳興太守。生平見《宋書·張茂度傳》、《南史·張裕傳》。

⑯「玄」下，原有「宋」字，當係衍文，今刪。

127 齊王氏，名四娘，永明三年①病死，下屍在地，爲莊飾者，覺其心煖，故未殯殮。經二宿，肌體稍溫，氣息漸還，俄而能言。自說：有二人錄其將去，至一大門，有一沙門，踞胡床②坐。見之甚驚，問：「何故來？」乃罵此二人云：「汝誤錄人來，各鞭四十。」語此四娘：「女郎可去。」答曰：「向來恍恍③不知道路，請人示津。」沙門即命一人力④送之。行少地，見其先死奴子倚高樓上，驚問：「四娘那忽至此？欲見新婦⑤不？」答：「不知處。」喚奴自送，奴云：「不得奉送；四娘但去，前路應相值也。」投一馬鞭與之，曰：「謹執此鞭，自知行路。」可⑥行數里，便見新婦，即四娘之嫂⑦也，正被苦謫，四體磣⑧縛，如裝鵝鴨法，縣於路側。相見悲號。新婦自說：「生時作罪，今貽此楚毒。」欲屈手搏頰，求乞哀助，而手被攣格，不得至頰。又聞左右受苦之聲，而不睹形。四娘問：「此爲何聲？」答曰：「此是無行衆僧，破齋犯戒，獲此苦報呼叫聲也。」於是沿路而歸，須臾至家。見其屍骸，意甚憎惡，不復願還；不覺有人排其踣著，乃得就身而稍蘇活。其人今休然尚存。（《法苑珠林》卷九二）

①永明，齊武帝蕭賾年號。三年，當西元四八五年。
②胡床，又稱交床，一種可以折疊的輕便坐具。
③怳怳，模模糊糊。
④人力，指差役。
⑤新婦，指弟媳婦。按：《爾雅·釋親》：「女人謂兄之妻爲嫂，弟之妻爲婦。」郭璞注：「猶今言新婦是也。」

⑥可，大約、大概。

⑦「嫂」，疑當作「娣」。按：妯娌間，兄妻爲姒，弟妻爲娣。

⑧「磣」，疑當作「摻」。按：摻，執持，牽挽。

128 前齊永明中，揚都高座寺①釋慧進②者，少雄勇游俠。年四十，忽悟非常③，因出家。蔬食布衣，誓誦《法華》。用心勞苦，執卷便病。廼發願造百部，以悔先障。始聚得一千六百文，賊來索物，進示經錢，賊慚而退。爾後遂成百部，故病亦愈。誦經既度，情願又滿，迴此誦業，願生安養。聞空中告曰：「汝願已足，必得往生。」無病而卒，八十餘矣。④（《法苑珠林》卷九五）

①《高僧傳》卷一「譯經」科上云：「帛尸梨蜜多羅，此云吉友，西域人，時人呼爲高座。……蜜常在石子岡東行頭陀，即卒，因葬於此。（晉）成帝懷其風，爲樹剎塚所。後有關右沙門來遊京師，廼於塚處起寺，陳郡謝混贊成其業，追旌往事，仍曰高座寺也。」

②《高僧傳》卷十二云：「慧進，姓姚，吳興人。」

③非常，即無常。蓋謂世間一切事物都在變異滅壞的過程中遷流不停。

④「無病……」二句，《高僧傳》作「至齊永明三年（按：西元四八五年）無病而卒，春秋八十有

五。」

129 沙門安法開①者，北人②也，嘗見吳公③，長三尺，自屋墮地，旋迴而去。（《太平御覽》卷九四六）

①安法開，生平不詳，待考。按：《高僧傳》卷四「義解」科有晉剡白山于法開，祖述耆婆，妙通醫法，未知即其人否？

②北人，泛稱北方之人。

③吳公，即蜈蚣。

130 史俊①有學識，奉道而慢佛，常語人云：「佛是小神，不足事耳。」每見尊像，恆輕誚之。後因病腳攣，種種祈福，都無效驗。其友人趙文②謂曰：「經道福中，佛福第一。可③試造觀音像。」俊以病急，如言灌像。像成，夢觀音，遂差。（《辯正論》卷七注）④

①「俊」，《廣記》卷一一一引《宣驗記》作「雋」。

②趙文，生平不詳，待考。

③可，宜，應當。

④注文末云：「出《宣驗》、《冥祥》等記。」

131陳玄範①妻張氏，精心奉佛，恆願自作一金像，終身供養。有願莫②從。專心日久，忽有觀音金像，連光五尺，見高座上。③（《辯正論》卷七注）④

①陳玄範，生平不詳，待考。

②「莫」，《大藏經·辯正論》校勘記云：「莫＝皆〇。」即宋本、元本、明本，並作「皆」。唯《廣記》卷一一一引《辯正論》，仍作「莫」。今從之。

③「高座上」下，《廣記》引文有「衆歎其精感所致」一句。

④注文末云：「出《宣驗》、《冥祥》等記。」

參考引用書目

爾雅　晉郭璞注　商務印書館四部叢刊初編本
一切經音義　唐釋慧琳撰　新文豐出版公司影印大正藏本
翻譯名義集　宋釋法雲撰　商務印書館四部叢刊初編本
魏晉南北朝小說詞語匯釋　江藍生撰　北京語文出版社排印本

佛典與中古漢語詞彙研究　朱慶之撰　文津出版社排印本
後漢書　（劉）宋范曄撰、唐李賢等注　鼎文書局影印本
晉書　唐太宗敕撰　鼎文書局影印本
宋書　梁沈約撰　鼎文書局影印本
南齊書　梁蕭子顯撰　鼎文書局影印本
梁書　唐姚思廉撰　鼎文書局影印本
南史　唐李延壽撰　鼎文書局影印本
魏書　北齊魏收撰　鼎文書局影印本

建康實錄　唐許嵩撰　上海古籍出版社排印本
華陽國志　晉常璩撰　商務印書館四部叢刊初編本
水經注校　後魏酈道元注、民國王國維校　新文豐出版公司影印本
洛陽伽藍記校箋　楊勇撰　正文書局排印本
太平寰宇記　宋樂史撰　文海出版社影印趙氏藏書本
輿地紀勝　宋王象之撰　文海出版社影印粵雅堂本
六朝事跡類編　宋張敦頤撰　世界書局影印十萬卷樓叢書本
廬山記　宋陳舜俞撰　新文豐出版公司影印大正藏本
出三藏記集　梁釋僧祐撰　北京中華書局排印本
高僧傳　梁釋慧皎撰　新文豐出版公司影印大正藏本
比丘尼傳　梁釋寶唱撰　新文豐出版公司影印大正藏本
弘贊法華傳　唐釋惠詳撰　新文豐出版公司影印大正藏本
法華經傳記　唐僧祥撰　新文豐出版公司影印大正藏本
釋門自鏡錄　唐釋懷信撰　新文豐出版公司影印大正藏本
三寶感應要略錄　宋釋非濁撰　新文豐出版公司影印大正藏本
觀世音持驗紀　清周克復撰　新文豐出版公司影印續藏經本

觀音慈林集　清釋弘贊撰　新文豐出版公司影印續藏經本
隋書經籍志　唐長孫無忌等撰　世界書局影印本
隋書經籍志考證　清姚振宗撰　開明書局二十五史補編本
大唐內典錄　唐釋道宣撰　新文豐出版公司影印大正藏本
開元釋教錄　唐釋智昇撰　新文豐出版公司影印大正藏本
舊唐書經籍志　後晉劉昫等撰　世界書局影印本
新唐書藝文志　宋歐陽脩撰　世界書局影印本
崇文總目　宋王堯臣等撰　廣文書局影印粵雅堂本
通志　宋鄭樵撰　商務印書館影印本
國史經籍志　明焦竑撰　廣文書局影印粵雅堂叢書本
敦煌資料考屑　陳祚龍撰　商務印書館排印本
輯佚資料集成（續）　新美寬編、鈴木隆一補　日本京都大學人文科學研究所排印本

風俗通義校箋　漢應劭撰、民國王利器校箋　明文書局影印本
顏氏家訓集解　北齊顏之推撰、民國王利器校箋　明文書局影印本
初學記　唐徐堅撰　鼎文書局影印本

太平御覽　宋李昉等撰　商務印書館影印本
太平廣記　宋李昉等撰　文史哲出版社影印本
太平廣記校勘記　嚴一萍校錄　藝文印書館排印本
太平廣記引書考　盧錦堂撰　撰者自印本
類說　宋曾慥撰　藝文印書館影印明刻本
群書類編故事　元王罃撰　廣陵古籍刻印社影印宛委別藏本
永樂大典　明解縉等奉敕撰　世界書局影印本
觀世音應驗記（三種）　宋傅亮、張演、齊陸杲撰　北京中華書局排印本
世說新語　劉宋劉義慶撰、梁劉孝標注　藝文印書館影印宋刻本
顏之推冤魂志研究　王國良撰　文史哲出版社排印本
冥報記　唐唐臨撰　北京中華書局排印本
古小說鉤沈　周豫才輯　盤庚出版社影印本
魏晉南北朝志怪小說研究　王國良撰　文史哲出版社排印本
唐前志怪小說史　李劍國撰　天津南開大學出版社排印本
辯正論　唐釋法琳撰、陳子良注　新文豐出版公司影印大正藏本
法苑珠林　唐釋道世撰　新文豐出版公司影印大正藏本

樂善錄　宋李昌齡撰　商務印書館影印續古逸叢書本

大明仁孝皇后勸善書　明仁孝皇后撰　中央圖書館藏明永樂內府刊本

中國思想通史（第二卷）　侯外廬等撰　北京人民出版社排印本

全上古三代秦漢三國六朝文　清嚴可均輯　宏業書局影印本

先秦漢魏南北朝詩　逯欽立輯　木鐸出版社影印本

梁江文通集　梁江淹　商務印書館四部叢刊初編本

古小說鉤沈校輯之時代和逸序　戴望舒　見《小說戲曲論集》（北京作家出版社）　一九五八年二月

古小說鉤沈的輯錄年代及所收各書作者　林辰　《文學遺產選集》三輯　一九六〇年五月

關於冥祥記　莊司格一　集刊東洋學二二　一九六九年十一月

論王琰的《冥祥記》和佛教短篇小說　葉馬克　世界宗教研究一九九一：三　一九九一年九月

王琰的生涯　張季琳　見《竹田晃教授退休紀念——東亞細亞文化論叢》（東京汲古書院）　一九九一年六月

論王琰和他的《冥祥記》　曹道衡　文學遺產一九九二：一　一九九二年二月

關於王琰《冥祥記》的補充意見　孫昌武　文學遺產一九九二：五　一九九二年十月

《冥祥記》研究　熊道麟　興大中文學報六　一九九三年一月

王琰《冥祥記》小考　王國良　東吳中文學報三　一九九七年五月

廿一畫～廿五畫

十二畫

十三畫

十畫

十一畫

固有名詞索引